초등 문해력
향상 프로그램
어휘편

어휘가 보여야
문해력이 자란다

문해력 잡는
초등 어휘력

D-5 단계

• 초등 6학년 이상 •

초등교과서에 나오는 과목별 학습개념어 총망라
★ 문해력 183문제 수록! ★

아울북

문해력의 기본,
왜 초등 어휘력일까?

21세기 교육의 핵심은 문해력입니다. 국어 사전에 따르면, 문해력은 '문자로 된 기록을 읽고 거기 담긴 정보를 이해하는 능력'입니다. 여기에 더해 글을 비판적으로 읽고 자신만의 관점을 가지는 것 역시 문해력이지요. 그러기 위해서는 문장을 이루고 있는 어휘의 뜻을 정확히 알고, 해당 어휘가 글 속에서 어떤 역할을 하고 있는지 깨닫는 과정이 필요합니다.

초등학교 3~4학년 시절 아이들이 배우고 쓰는 어휘량은 7,000~10,000자 정도로 급격하게 늘어납니다. 그중 상당수가 한자어입니다. 그렇기에 학년이 올라가면서 교과서와 참고서, 권장 도서 들을 받아드는 아이들은 혼란스러워 합니다. 해는 태양으로, 바다는 해양으로, 세모는 삼각형으로, 셈은 연산으로 쓰는 경우가 부쩍 늘어납니다. 땅을 지형, 지층, 지상, 지면, 지각처럼 세세하게 나눠진 한자어들로 설명합니다. 분포나 소통, 생태처럼 알 듯 모를 듯한 어려운 단어들이 불쑥불쑥 등장하기 시작합니다.

우리말이니까 그냥 언젠가 이해할 수 있겠지 하며 무시하고 넘어갈 수는 없습니다. 초등학교 시절의 어휘력은 성인까지 이어지니까요. 10살 정도에 '상상하다'나 '귀중하다'와 같이 한자에서 유래한 기본적인 어휘의 습득이 마무리된다는 연구 결과를 내놓은 학자도 있습니다. 반대로 무작정 단어 뜻을 인터넷에서 검색하고 영어 단어를 외우듯이 달달 외우면 해결될까요? 당장 눈에 보이는 단어 뜻은 알 수 있지만 다른 문장, 다른 글 속에 등장한 비슷한 단어의 뜻을 유추하는 능력은 길러지지 않습니다. 문해력의 기초가 제대로 다져지지 않는다는 의미입니다.

결국 자신이 정확하게 알고 있는 단어를 통해 새로운 단어의 뜻을 짐작하며 어휘력을 확장시켜 가는 게 가장 좋습니다. 어휘력이 늘어나면 교과 개념을 정확하게 이해하고, 학습 내용도 빠르게 습득할 수 있지요. 선생님의 가르침이나 교과서 속 내용이 무슨 뜻인지 금방 알 수 있으니까요. 이 힘이 바로 문해력이 됩니다. 〈문해력 잡는 초등 어휘력〉은 어휘력 확장을 통해 문해력을 키우는 과정을 돕는 책입니다.

정춘수 기획위원

문해력 잡는 단계별 어휘 구성

〈문해력 잡는 초등 어휘력〉은 사용 빈도수가 높은 기본 어휘(씨글자)240개와 학습도구어와 교과내용어를 포함한 확장 어휘(씨낱말) 260개로 우리말 낱말 속에 담긴 단어의 다양한 뜻을 익히고 이를 통해 문해력을 키우는 프로그램입니다. 한자의 음과 뜻을 공유하는 낱말끼리 어휘 블록으로 엮어서 한자를 모르는 아이도 직관적으로 그 관계를 파악할 수 있습니다. 초등 기본 어휘와 어휘 관계, 학습도구어, 교과내용어 12,000개를 예비 단계부터 D단계까지 전 24단계로 구성해 미취학 아동부터 중학생까지 수준별 학습이 가능합니다. 어휘의 어원에 따라 자유롭게 어휘를 확장하며 다양한 문장을 구사하는 능력을 기르는 동안 문장 사이의 뜻을 파악하는 문해력은 자연스럽게 성장합니다.

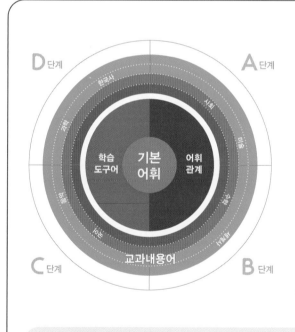

기본 어휘
초등 교과서 내 사용 빈도수가 높고, 일상적인 언어 활동에서 기본이 되는 어휘

어휘 관계
유의어, 반의어, 동음이의어, 도치어, 상하위어 등 어휘 사이의 관계

학습도구어
학습 개념을 이해하고 논리적으로 설명하는 과정에 쓰이는 도구 어휘

교과내용어
국어, 수학, 사회, 과학, 한국사, 예체능 등 각 교과별 학습 내용을 정확히 이해하는 데 필요한 개념 어휘

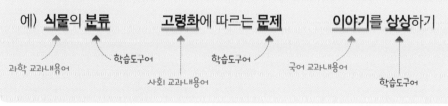

어휘력부터 문해력까지, 한 권으로 잡기

씨글자 | 기본 어휘

씨글자 | 기본 어휘

기본 어휘
하나의 씨글자를 중심으로
어휘를 확장해요.

씨낱말 | 학습도구어

확장 어휘 – 학습도구어
둘 이상의 어휘 블록을
연결하여 씨낱말을 찾고
어휘를 확장해요.

씨낱말 | 교과내용어

확장 어휘 – 교과내용어
둘 이상의 어휘 블록을
연결하여 씨낱말을 찾고
어휘를 확장해요.

어휘 퍼즐

어휘 퍼즐
어휘 퍼즐을 풀며 익힌 어휘를
다시 한번 학습해요.

종합 문제

종합 문제
종합 문제를 풀며
어휘를 조합해 문장으로
넓히는 힘을 길러요.

문해력 문제

문해력 문제
여러 어휘로 이루어진 문장의 의미를
파악하고 글의 맥락을 읽어 내는
문해력을 키워요.

1장

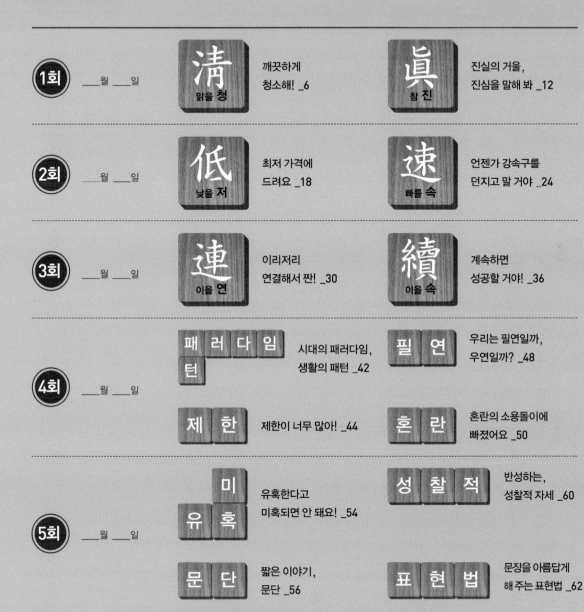

깨끗하게 청소해!

清
맑을 청

위 그림들은 모두 무엇과 관계가 있나요? 네, 맞아요! 청소지요. 청소(淸掃)는 더러운 곳을 쓸고 닦아 맑고 깨끗하게 만드는 거예요. 청결을 위해선 꼭 청소를 해야죠. 청결(淸潔)은 맑고 깨끗하다는 뜻이에요. 북한에서는 청소와 청결이 같은 말이래요.

청(淸)은 맑고 깨끗하다를 뜻해요. '물[氵: 삼수변 수]이 푸르다[靑 : 푸를 청]'라는 말에서 왔대요. 깨끗하고 푸른 물이 떠오르지 않나요?

청정(淸淨)도 맑고 깨끗하다는 말이에요.

맑고 깨끗한 물이 흐르는 곳을 청정 수역, 환경을 오염시키지 않는 깨끗한 에너지를 청정 에너지라고 하지요.

청산(淸算)은 셈을 깨끗이 정리하는 거예요. 빚이나 나쁜 과거 같은 것을 깨끗이 갚는다는 뜻으로 자주 쓰여요.

청심환(淸心丸)은 심장을 맑게 해 주는 약이에요. 노란색 우황을 넣어 만들면 우황청심환이 되지요.

물[氵=水]이 푸르면[靑 : 푸를 청]
맑은[淸 : 맑을 청] 거죠!

清	맑을 청

■ **청소**(淸 掃쓸 소)
쓸어서 깨끗하게 함

■ **청결**(淸 潔깨끗할 결)
맑고 깨끗함

■ **청정**(淸 淨깨끗할 정)
맑고 깨끗함

■ **청정 수역**
(淸 淨 水물 수 域구역 역)
맑고 깨끗한 물이 있는 구역

■ **청정**(淸 淨) **에너지**
맑고 깨끗한 에너지

■ **청산**(淸 算셈 산)
셈을 깨끗이 정리함

■ **청심환**
(淸 心심장 심 丸알약 환)
심장을 맑게 해 주는 약

🔔 우황은 소의 쓸개 속에 병으로 생긴 덩어리예요. 열을 없애고 독을 풀어 주죠.

맑고 깨끗한 **청주**가 최고여!

난, 걸쭉한 막걸리가 최고야!

제사나 차례를 지낼 때 청주를 올리지요. 청주(淸酒)는 찌꺼기가 없도록 맑게 걸러 낸 술을 말해요.

거르지 않은 술은 막걸리지요. 막걸리는 빛깔이 흐려요. 손이 많이 가는 청주와 달리, 막걸리는 쉽게 만들 수 있어서 서민들이 즐겨 마시는 술이에요.

시험관에 피를 담아 가만히 두면 층이 생겨요. 아래에는 검붉은 덩어리가, 위에는 노랗고 맑은 액체가 생기죠. 이 맑은 액체를 혈청(血淸)이라고 불러요. 이 혈청이 우리 몸에 나쁜 균이 들어오지 못하게 막아 주는 역할을 하지요.

여러분이 좋아하는 마실 거리로 청량음료가 있지요?

청량(淸涼)은 맑고 서늘하다는 뜻이에요. '날씨가 청량하다'라는 말이 있지요.

또 다른 '청량'도 있어요. 소리가 맑고 깨끗한 것을 청량(淸亮)이라고 해요. 발음은 같지만 한자가 달라요.

연속극이나 순정만화의 주인공은 착하고 예쁘지만 모두가 불쌍하게 여겨요. 이런 사람을 청순가련(淸純可憐)하다고 해요. '청순'은 성격이나 외모가 맑고 순수한 것이죠.

청아(淸雅)하다는 말도 있어요. '청아한 목소리'는 아주 맑고 우아한 목소리를 가리키지요.

- **청주**(淸 酒술 주)
  맑은 술
- **혈청**(血피 혈 淸)
  피의 맑은 부분
- **청량**(淸 涼서늘할 량)
  맑고 서늘함
- **청량**(淸 亮밝을 량)
  소리가 맑고 깨끗함
- **청순가련**(淸 純순수할 순 可 가히 가 憐불쌍할 련)
  너무나 맑고 순수해서 불쌍히 여길 만함
- **청아**(淸 雅우아할 아)
  맑고 우아함

어머나, 주인공이 참 **청순가련**하네.

글쎄, 내 눈에는 청승떠는 것으로 보이는데…

혁! 정말 못된 사또로군요. 물론 착한 사또도 있어요. 착한 사또는 청백리라고 하죠. 청백리(淸白吏)는 재물 욕심 없이 마음이 곧고 깨끗한 관리를 말해요. 반대말은 탐관오리죠.

청(淸)은 욕심이 없고 나쁜 마음을 먹지 않는다는 뜻도 지니고 있어요. 청렴(淸廉)은 성품이 맑고 곧다는 말이에요. 청렴결백(淸廉潔白)이라고도 해요. 청빈(淸貧)은 성품이 깨끗하고 욕심이 없어서 가난한 것을 말해요. 청풍명월(淸風明月)은 맑은 바람과 밝은 달이에요. 아름다운 자연을 가리키는데, 청렴한 사람을 일컫는 말로도 쓰여요.

백년하청(百年河淸)은 중국 황허강에서 온 말이에요. 황허에는 항상 누런 흙탕물이 흐른대요. 그런 황허가 백 년이 지난들 깨끗해질 리가 있겠느냐는 얘기죠. 그래서 백년하청은 아무리 시간이 흘러도 이루어질 리 없는 일을 빗대는 말로 쓰이지요.

淸 깨끗할 청

■ **청백리**(淸 白흴 백 吏관리 리)
재물 욕심 없이 깨끗한 관리
↔ 탐관오리

■ **청렴**(淸 廉곧을 렴)
성품이 맑고 곧음

■ **청렴결백**
(淸廉 潔깨끗할 결 白)
성품이 맑고 곧고 깨끗함

■ **청빈**(淸 貧가난할 빈)
성품이 깨끗하고 욕심이 없어 가난함

■ **청풍명월**(淸 風바람 풍 明밝을 명 月달 월)
맑은 바람과 밝은 달 / 성품이 맑은 사람을 일컫는 말

■ **백년하청**(百일백 백 年해 년 河강 하 淸)
백 년이 지나도 황허 강물이 깨끗해지지 않음 / 아무리 시간이 흘러도 이루어질 리가 없는 일

🔔 **이런 말도 있어요**

꿀 청(淸)

옛날 궁궐에서는 꿀을 청(淸)이라 불렀대요. 그래서 청(淸)에는 꿀이라는 뜻도 있어요. 조청(造淸)은 사람이 만든 묽은 엿이에요. 떡을 찍어 먹거나 한과 같은 요리를 만들 때 넣어요. 석청(石淸)은 산에 사는 벌이 돌 사이에 모아 둔 꿀이에요. 아주 귀한 것이지요.

■ **조청**(造만들 조 淸) 사람이 만든 묽은 엿　　■ **석청**(石돌 석 淸) 돌 사이에서 나는 꿀

청(淸)은 사람, 강과 산, 도시와 나라 이름에 자주 쓰여요. 맑고 깨끗한 사람이나 장소란 의미로 쓰는 거죠.
효녀 심청(沈淸)의 이름을 보세요. 성씨인 심(沈)은 '가라앉을 침(沈)'으로도 쓰여요. 이름 안에 착한 심청이가 인당수에 빠진 이야기가 담겨 있군요.

청해진(淸海鎭)은 통일 신라의 장보고가 해적을 소탕하고 일본, 중국과 무역하려고 진영을 설치한 곳이에요. 맑은 물살을 가르며 해적을 무찌르던 장보고의 모습이 눈에 보이는 것 같군요.
충청도(忠淸道)는 충주시(忠州市)와 청주시(淸州市)의 이름에서 한 자씩 따와 만든 이름이에요. 충신과 착한 사람이 많은 곳이란 느낌이 팍팍 들지요?

청(淸)나라는 1644년부터 1912년까지 중국을 지배하던 나라에요. 어떤 사람들은 청국장(淸麴醬)이 청나라에서 온 장이라고 하지만, 사실이 아니에요. 청국장은 고구려 때부터 내려오던 우리의 전통 음식이지요. 청나라는 청국장보다 한참 뒤에 생긴 나라예요.

淸 깨끗할 청

■ 심청(沈淸)
판소리 심청가의 주인공, 지극한 효녀로 앞 못 보는 아버지를 위해 인당수에 빠짐
■ 청해진
(淸 海바다 해 鎭진영 진)
장보고가 지금의 완도에 설치한 진영
■ 충청도(忠충성 충 淸 道도 도)
행정 구역의 하나, 충청남도와 충청북도로 나뉨
■ 청주시(淸 州고을 주 市시 시)
충청북도의 도청 소재지
■ 청(淸)나라
여진족이 세운 나라로 중국의 마지막 왕조
■ 청국장(淸 麴누룩 국 醬장 장)
깨끗한 누룩으로 만든 장 / 콩을 발효시켜 만든 우리나라 전통 음식

淸
맑을 청

① 공통으로 들어갈 한자를 따라 쓰세요.

소							렴
	정 수 역	淸	풍 명 월			
혈		맑을 청			국 장

② 어떤 낱말에 대한 설명인지 쓰세요.

1) 쓸어서 깨끗하게 함 ➡ ☐☐

2) 맑은 술 ➡ ☐☐

3) 아버지의 눈을 뜨게 하려고 인당수에 빠진 효녀 ➡ ☐☐

4) 충청남도와 충청북도을 합한 행정 구역 ➡ ☐☐☐

③ 알맞은 낱말을 찾아 문장을 완성하세요.

1) 이제 어두웠던 과거를 ☐☐ 하고 착한 사람으로 돌아오렴.

2) 저 주인공은 너무 ☐☐☐☐ 해서 한편으론 좀 청승맞아 보여.

3) 아! 더워. 시원한 ☐☐ 음료를 마시고 싶어.

4 문장에 어울리는 낱말을 골라 ○표 하세요.

1) 이곳은 오염을 방지하기 위해 설정한 (청정 / 청아) 수역이야.

2) 아버지는 (청렴결백 / 청순가련)하셔서 마음이 깨끗하고 정직해요.

3) 그는 뇌물을 받는 것을 부끄럽게 여기는 (청백리 / 청산리) 집안의 후손이야.

5 설명을 읽고, 알맞은 낱말을 연결하세요.

1) 오염 물질이 적게 나오는 에너지 •　　　　　• 청정 에너지

2) 콩을 발효시켜 만든 우리 전통 음식 •　　　　• 청심환

3) 심장을 맑게 해 주는 약 •　　　　　　　• 청국장

4) 장보고가 완도에 설치한 진영 •　　　　　• 청해진

6 암호를 풀면 낱말이 보여요. 암호를 풀어 찾은 낱말과 그 뜻을 바르게 연결하세요.

	☆	♣	♡	♨	△	●	♠	h	□	♪
1	최	종	병	기	판	단	청	바	지	명
2	월	요	일	혈	결	핍	증	수	렴	색
3	고	풍	차	광	견	병	원	장	미	술

1) ♠1 △2 → ☐☐ •　　　　• ㉠ 성격이 맑고 곧음

2) ♠1 □2 → ☐☐ •　　　　• ㉡ 맑고 깨끗함

3) ♨2 ♠1 → ☐☐ •　　　　• ㉢ 맑은 바람과 밝은 달

4) ♠1 ♣3 ♪1 ☆2 → ☐☐☐☐ •　　• ㉣ 피의 맑은 부분

청렴

청렴결백

청빈

청풍명월

백년하청

조청

석청

심청

청해진

충청도

청주시

청나라

정국상

거짓말을 못 하는 진실의 거울이 당황했어요! 진실(眞實)은 '거짓이 아닌 바른 사실'이라는 뜻으로 여기서 진(眞)은 '거짓이 아닌 바른'이라는 의미예요. 우리말 '참'과 같은 뜻이죠.

거짓이 없는 바른 마음은 진심(眞心)이에요. 우리말로 바꾸면 참된 마음, 참마음이 되지요. 다음 빈칸을 채워 보세요.

참된 느낌은 □정,

참된 뜻은 □의,

참된 값어치는 □가,

세상일이 돌아가는 참된

이치는 □리.

眞	참 진

- 진실(眞實 사실 실)
  거짓이 아닌 바른 사실
- 진심(眞心 마음 심)
  참된 마음
- 진정(眞情 느낄 정)
  참된 느낌
- 진의(眞意 뜻 의)
  참된 뜻
- 진가(眞價 값 가)
  참된 값어치
- 진리(眞理 이치 리)
  참된 이치
- 진담(眞談 말할 담)
  참된 말

그럼 농담의 반대말은 무엇일까요? (　　)

① 장담　　　　② 참담　　　　③ 진담

농담은 참된 마음 없이 장난으로 해 보는 말이에요.
그림을 보니 진실의 거울이 농담도 하네요.
정답은 참된 말, ③ 진담(眞談)이에요.

진범(眞犯)은 진짜로 범죄를 저지른 사람을 말해요. 왕비는 시녀를 의심했지만, 진짜 범인은 따로 있었네요! 진(眞)은 '가짜가 아닌 진짜'를 말할 때도 쓰여요.

빈칸을 채워 볼까요?

비슷하게 만든 가짜가 아닌 진짜 물건은 ▢품,

흉내 낸 가짜가 아닌 진짜 책은 ▢본,

실물을 찍어 낸 영상은 사▢이라고 해요.

진면모(眞面貌)는 '진짜 얼굴 모양'이라는 뜻에서 나온 말이에요. 누군가의 본래 지니고 있던 모습을 말하지요.

'눈 목(目)' 자를 써서 진면목(眞面目)이라고도 해요. 아마 얼굴에서 눈이 그 사람을 가장 잘 나타낸다고 생각해서 그렇겠지요.

진실의 거울이 '진가'를 제대로 발휘했네요.

眞	성격이 참될 진

■ 진솔(眞 率솔직할 솔)
진실하고 솔직함

■ 순진(純깨끗할 순 眞)
깨끗하고 진실함

■ 순진무구
(純眞 無없을 무 垢때 구)
때 묻지 않은 순진함

■ 천진난만(天하늘 천 眞 爛
흐드러지게 필 난 漫가득할 만)
하늘처럼 참된 성격이 꽃피어
가득함

자신의 잘못을 사실대로 말한 수빈이는 참 진솔한 어린이예요. 진솔(眞率)은 진실하고 솔직하다는 말이에요. 이처럼 진(眞)은 사람의 성격을 나타낼 때도 쓰여요.

다음 중 '꾸밈없이 깨끗하고 진실한 성격'을 나타내는 말이 아닌 것은 무엇일까요? (　　　)

① 순진하다　　　② 순진무구하다　　　③ 극진하다

정답은 ①번이에요. 성격이 깨끗하고 진실한 것을 순진(純眞)이라고 해요. 무구(無垢)는 때가 묻지 않았다는 것이니, 순진한 성격을 더 강조하는 말이지요. 정말 순진한 사람은 천진난만하다고 해요. 천진(天眞)은 '하늘처럼 깨끗하고 참되다', 난만(爛漫)은 '꽃이 흐드러지게 피어 가득하다'를 뜻해요.

🔔 이런 말도 있어요

진국이 진한 국물이라고요? 그때는 '진하다'라는 뜻의 진(津) 자를 써요. '참되다'라는 뜻의 진(眞) 자를 쓰면 '거짓 없이 참된 사람'을 뜻해요.

■ 진(眞)국　거짓 없이 참된 사람

저 청년, 사람이 참 진국일세!

진짜 모습을 '진면목' 또는 '진면모'라고 했죠?

가면(假面)은 '가짜 얼굴', 즉 '탈'을 말해요. 거짓으로 꾸민 모습을 버리고 정체를 드러내는 것을 '가면을 벗다'라고 하지요. 이처럼 가(假)는 '가짜, 거짓'을 뜻해요. '진짜, 참'을 뜻하는 진(眞)의 반대말이에요. 다음 글을 읽으면서 빈칸에 글자를 채워 보세요.

가짜 이름은 □명,

가짜 머리털은 □발,

모습을 거짓으로 꾸미는 것은 □장이지요.

'거짓'이라는 뜻을 가진 글자에는 위(僞)도 있어요. 진위(眞僞)란 '진짜와 가짜'를 뜻해요. 물건을 가짜로 만드는 것은 위조(僞造)라고 해요. '가짜 돈'은 '위조 화폐'라고 하지요. 겉으로만 착한 체하는 사람은 위선자(僞善者)라고 해요.

假	가짜 가

- **가면**(假 面얼굴 면)
  가짜 얼굴
- **가명**(假 名이름 명)
  가짜 이름
- **가발**(假 髮머리털 발)
  가짜 머리털
- **가장**(假 裝꾸밀 장)
  가짜로 꾸밈

僞	가짜 위

- **진위**(眞참 진 僞)
  진짜와 가짜
- **위조**(僞 造만들 조)
  가짜로 만듦
- **위선자**
  (僞 善착할 선 者사람 자)
  겉으로 착한 체하는 사람

진실 진심 진의 진리 진담 진범

진품 사진 진면목 진솔 천진난만

眞
참 진

진실

진심

진정

진의

진가

진리

진담

진범

진품

진본

사진

진면모

① 공통으로 들어갈 한자를 따라 쓰세요.

```
실                                          리
        면  목    眞    순  무  구
품              참 진                        담
```

② 어떤 낱말에 대한 설명인지 쓰세요.

1) 참된 마음 ➡ ☐☐

2) 참된 뜻 ➡ ☐☐

3) 가짜 얼굴 ➡ ☐☐

4) 가짜 머리털 ➡ ☐☐

③ 알맞은 낱말을 찾아 문장을 완성하세요.

1) 오랜만에 선생님을 뵙게 되어 ☐☐으로 기쁩니다.

2) 영식이는 그 말이 사실이냐며 소문의 ☐☐ 여부를 따져 물었어.

3) 그는 범인이 아냐. 경찰은 보석 절도 사건의 ☐☐을 찾기 위해 재

수사를 시작했어.

4) 할아버지로 ☐☐하면 내가 못 알아볼 줄 알아?

4 문장에 어울리는 낱말을 골라 ○표 하세요.

1) 자꾸 거짓말을 하지 말고 (진실 / 진솔)을 말해 봐.

2) 이제야 비로소 나의 (진범 / 진가)(을)를 알아봐 주는군.

3) 영주는 마음씨가 착해서 얼굴도 (순진 / 순정)해 보여.

4) 그의 실제 이름은 용팔이야. 지금은 (가명 / 가발)을 쓰고 있는 거야.

5 설명을 읽고, 알맞은 낱말을 연결하세요.

1) 참된 값어치   •   • 진면모

2) 진짜 얼굴 모양   •   • 진가

3) 가짜로 만듦   •   • 위선자

4) 겉으로 착한 체하는 사람 •   • 위조

6 아래 글자판에서 글자들을 찾아 빈칸에 들어갈 낱말을 완성하세요.

> 수빈 : 얼마 전에 우리 엄마가 동생을 낳았어.
>
> 석호 : 그래? 정말 귀엽겠다.
>
> 수빈 : 그럼 우리 동생의 □□□□한 웃음을 보고 있으면 내 마음까
> 지 순수해져.

일	리	목	난
상	진	만	실

→ 천 □□□

진면목

진솔

순진

순진무구

천진난만

가면

가명

가발

가장

진위

위조

위선자

최저 가격에 드려요

低
낮을 저

싸요, 싸!
최□ 가격으로
드려요.

위 그림의 빈칸에 들어갈 말은 무엇일까요? (   )

① 싸   ② 초   ③ 저   ④ 고

정답은 ③번이에요. 저(低)는 높이가 낮은 것, 또는 수가 적은 것을 뜻하는 말이에요. 최저(最低)는 가장 낮은 것, 가장 적은 것이지요. 생활하는 데 드는 최저의 비용은 최저 생활비, 법률로 정한 가장 낮은 임금은 최저 임금이에요. 주변의 대기에 비해서 압력이 낮은 기압은 저기압이라고 해요.

위도가 0도인 곳은 적도예요. 적도에 가까운 위도를 저위도라고 해요. 한편 북극과 남극은 위도가 90도예요. 남극과 북극 주변은 고위도지요.

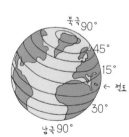

북극90°
45°
15°
← 적도
30°
남극90°

그럼 다음 빈칸을 채워 볼까요?
키가 커도 학년이 낮으면 □학년이고, 키가 작아도 학년이 높으면 고학년이에요. 높은 온도는 고온이고, 낮은 온도는 □온이지요.

低   낮을 저

■ **최저**(最가장 최 低)
가장 낮은 것

■ **최저 생활비**(最低 生날 생 活살 활 費쓸 비)
최저로 드는 생활비

■ **최저 임금**
(最低 賃품삯 임 金돈 금)
가장 낮은 임금

■ **저기압**
(低 氣기운 기 壓누를 압)
압력이 낮은 기압

■ **저위도**
(低 緯가로 위 度기준 도)
적도에 가까운 위도

■ **저학년**
(低 學배울 학 年해 년)
낮은 학년

■ **저온**(低 溫온도 온)
낮은 온도

18

멋진 저음의 노랫소리가 들리는 것 같네요. 낮은 목소리를 저음(低音)이라고 해요.

터널을 지나갈 때는 자동차의 속도를 높여서는 안 돼요. 낮은 속도로 지나가야 하지요.

속도가 낮은 것은 저속(低速)이에요.

먹지 못해서 영양실조로 저체중인 아이예요. 저체중(低體重)은 몸무게가 표준보다 낮은 것을 뜻해요. 정상 상태보다 낮은 혈압은 저혈압(低血壓)이에요. 반면 정상보다 높은 혈압은 고혈압이겠죠.

다른 사람보다 적게 버는 것, 즉 소득이 적은 것은 저소득(低所得)이에요. 소득이 적어서 소비도 적게 하는 것을 특징으로 하는 사회 계층을 저소득층이라고 부르죠. 국가에서는 저소득층을 위해서 다양한 복지 정책을 펼치고 있어요.

왼쪽 아래에 눌려 있는 이 아저씨의 자세는 어떤 자세라고 말할 수 있을까요?

그렇죠. 저자세(低姿勢)예요. 저자세는 상대방에게 눌려서 굽실거리는 자세를 뜻해요. 반대로 고자세는 상대방보다 자기를 높이는 거만한 자세를 뜻하지요.

'물건을 살 때는 질이 좋으면서도 가격이 ○○한 물건을 고르는 지혜가 필요해요'에서 빈칸에 들어갈 말은 무엇일까요?

가격이 싸다는 뜻을 가진 낮을 저 지(低)로 시작하는 두 글자 낱말, 저렴(低廉)이지요.

저음(低 音소리 음)
낮은 목소리

저속(低 速속도 속)
낮은 속도

저체중
(低 體몸 체 重무게 중)
평균보다 낮은 몸무게

저혈압
(低 血피 혈 壓누를 압)
낮은 혈압

저소득
(低 所얼마 소 得얻을 득)
소득이 적은 것

저소득층(低 所得 層층 층)
소득이 직어서 소비도 적게 하는 특징을 가진 사회 계층

저자세
(低 姿모양 자 勢형세 세)
상대방에 눌려서 굽실거리는 자세

저렴(低 廉값싼 렴)
물건 값이 쌈

低 **수준이 미치지 못할 저**

▶ **저능아**
(低 能능력 능 兒아동 아)
지능이 평균보다 덜 발달한 아이

▶ **저공해**
(低 公여러 공 害해할 해)
공해의 배출 수준이 보통보다
덜한 것

▶ **저속**(低 俗속될 속)
품위가 낮고 속됨

▶ **저질**(低 質품질 질)
평균에 미치지 못한 품질

▶ **저질 문화**
(低 質 文글월 문 化될 화)
낮은 질의 문화

▶ **저질 식품**
(低 質 食먹을 식 品물건 품)
낮은 질의 식품

이 친구는 보통 사람들이 보면 저능아라고 생각할까요? 물론 공간 이동도 언젠가는 가능해지겠지만요. 저능아(低能兒)는 지능이 평균보다 덜 발달한 사람을 뜻해요. 저(低)는 정도나 수준이 평균에 미치지 않는 것, 덜 발달했다는 말로도 쓰이지요.

왼쪽 그림의 차, 참 귀엽게 생겼죠? 수소를 연료로 해서 달리는 저공해 자동차예요. 보통의 휘발유를 쓰는 자동차보다 공해 물질이 적게 배출되기 때문에 저공해(低公害) 자동차라고 해요.

"야, 이 ×× 같은 놈아!" 이런 저속한 표현을 여러분은 안 쓰겠죠? 저속(低俗)한 것은 품위가 보통 수준에 미치지 못하고 낮은 것이에요. 저속의 반대말은 고상이에요. 품위나 몸가짐이 속되지 않고 훌륭하다는 말이죠.
한편 평균에 못 미치는 낮은 품질은 저질(低質)이죠. 저질 문화, 저질 식품 등과 같이 쓰여요.

低 **떨어져 낮아질 저**

▶ **저하**(低 下떨어질 하)
정도나 수준이 떨어져서 낮아짐

🔔 **이런 말도 있어요**

저하(低下)는 정도나 수준 등이 떨어져서 낮아졌다는 뜻이에요. 흔들리는 차 속에서 책을 보면 시력이 저하되고, 힘든 일을 많이 하면 체력이 저하되지요. 여기서 저(低)는 '떨어져 낮아지다'라는 뜻이에요.

저 여기가 혹시 어딘가요?

응, 해저야.

바다의 밑바닥은 해저(海底)이지요. 여기서 저(底)는 밑바닥을 말해요.

마음의 밑바닥 속에 있는 생각은 겉으로 드러나지 않아요. 저의(底意)는 속에 품은 생각, 겉으로 드러나지 않은 생각이지요.

'우리 민족의 ○○은 어려운 국난의 시기에 발휘되었다'에서 ○○에 들어갈 말로 '속에 숨은 힘'이라는 뜻을 가진 말은 무엇일까요? 답은 저력(底力)이에요.

삼각형에서 선분 ab를 밑변이라고 해요. 밑변은 밑바닥의 선분, 즉 저변(底邊)이에요. 저변은 또한 어떤 대상의 아랫부분을 뜻하기도 하고, '문화계의 저변 확대'와 같이 어떤 분야의 밑바탕을 뜻하기도 해요.

'그 행동의 근저에 깔린 생각은 무엇일까?'라고 묻는다면 행동을 하게 된 기초가 무엇인가를 묻는 것이에요. 근저(根底)는 밑바탕이 되는 기초, 근본이라는 뜻이에요. 기저(基底)라고도 하지요.

철저(徹底)하다는 것은 속속들이 꿰뚫어 밑바닥까지 빈틈이 없다는 뜻이에요. 한편 도저(到底)히는 항상 '할 수 없다'와 함께 쓰여서 '아무리 해도'라는 뜻으로 쓰이지요.

도저(到底)는 '밑바닥까지 이르도록 깊숙하다'라는 뜻이에요.

공부는 철저하게. 그렇지만 잠은 도저히 참을 수가 없어요.

底 밑바닥 저

- 해저(海바다 해 底)
  바다 밑바닥
- 저의(底 意생각 의)
  속에 품은, 드러나지 않은 생각
- 저력(底 力힘 력)
  속에 숨은 든든한 힘
- 저변(底 邊변 변)
  밑변 / 어떤 대상의 아랫부분 / 어떤 분야의 밑바탕
- 근저(根근본 근 底)
  밑바탕이 되는 기초 = 기저
- 철저(徹뚫을 철 底)
  밑바닥까지 꿰뚫도록 투철함
- 도저(到이를 도 底)히
  아무리 해도
- 도저(到低)
  밑바닥까지 이르도록 깊숙함

저기압　저학년　저온　저하　최저임금

지공해　해저　저의　저력　저변　철저

低 낮을 저

최저

최저 생활비

최저 임금

저기압

저위도

저학년

저온

저음

저속

저체중

저혈압

저소득

저소득층

저자세

저렴

1 공통으로 들어갈 한자를 따라 쓰세요.

최　　　학년　　低　　　최　　임금　　소　득
온　　　　　낮을 저　　　　　　　　　근

2 어떤 낱말에 대한 설명인지 쓰세요.

1) 최저로 드는 생활비 ➡ ☐☐ 생활비

2) 주변 대기에 비해서 낮은 기압 ➡ ☐☐☐

3) 낮은 속도 ➡ ☐☐

4) 바다 밑바닥 ➡ ☐☐

3 알맞은 낱말을 찾아 문장을 완성하세요.

1) 고소득층보다는 ☐☐☐층이 훨씬 많아.

2) 고음보다는 ☐☐이 편안한 느낌을 줘.

3) 초등학교 1학년과 2학년은 고학년이 아니라 ☐☐☐이야.

4) 전기 자동차는 휘발유 자동차에 비해 공해가 적은 ☐☐☐ 자동차야.

4 문장에 어울리는 낱말을 골라 ○표 하세요.

1) 할머니께서 혈압이 너무 낮은 (저혈압 / 고혈압) 상태야.

2) 비굴할 정도로 (고자세 / 저자세)일 필요는 없어.

3) 적도 부근의 (저위도 / 고위도) 지방은 기온이 높아.

4) 그렇게 말하는 너의 (저력 / 저의)(이)가 뭐니?

5 설명을 읽고, 알맞은 낱말을 연결하세요.

1) 가장 낮은 임금 •   • 근저

2) 낮은 기온 •   • 최저 임금

3) 낮은 질의 식품 •   • 저온

4) 밑바탕이 되는 기초 •   • 저질 식품

6 그림을 보고, 알맞은 낱말을 쓰세요.

1)
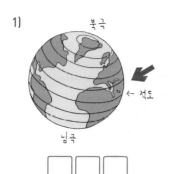

2)

저능아

저공해

저속

저질

저질 문화

저질 식품

저하

해저

저의

저력

저변

근저

기저

철저

도저히

도저

언젠가 강속구를 던지고 말 거야

速
빠를 속

위 그림의 빈칸에 들어갈 '강하고 빠른 공'이라는 뜻의 말은 무엇일까요? (   )

① 2루타   ② 완봉승   ③ 강속구   ④ 유인구

정답은 ③번 강속구(强速球)죠. 야구에서 투수가 던지는 빠르고 강한 공을 강속구라고 해요. 이처럼 속(速)이 들어가면 '빠르다'라는 뜻을 나타내요.

그럼 '속'이 들어가는 다른 낱말들을 더 알아볼까요?

농구나 축구에서 빠르게 공격하는 것은 ☐공,

우편물을 빨리 배달하는 것은 ☐달이에요.

빨리 걷는 것은 ☐보,

빠른 소식도 ☐보지요.

어? 똑같이 '속보'군요? 네.

하지만 한자가 달라요.

앞의 것은 '걸을 보(步)'이고,

뒤의 것은 '알릴 보(報)'예요.

속보(速步)

속보입니다!

속보(速報)

速 　빠를 속

■ **강속구**
(强강할 강 速 球공 구)
강하고 빠른 공

■ **속공**(速 攻공격할 공)
농구나 축구 등에서 빠르게
공격하는 것

■ **속달**(速 達배달할 달)
우편물을 빨리 배달하는 것

■ **속보**(速 步걸을 보)
빨리 걸음

■ **속보**(速 報알릴 보)
빨리 알리는 소식

오른쪽 그림의 빈칸에 들어갈 낱말은 무엇일까요? (　　)

① 배신　　　② 속단　　　③ 노래　　　④ 타령

정답은 ②번. 속단은 빨리 판단한다는 뜻이에요. 차분히 생각하지 않고, 너무 빨리 판단을 내리면 실수할 가능성이 크겠죠? 그래서 '속단은 금물'이라는 말도 있다고요.

속전속결(速戰速決)은 싸움을 오래 끌지 않고 빨리 끝내서 승부를 빨리 결정한다는 뜻이에요. 진짜 싸움만이 아니라 어떤 일을 빨리 진행하여 해치울 때 비유적으로 쓰지요.

말을 쉴 새 없이 빨리하는 사람을 보면 '□□□ 같다'라고 해요. 빈칸에 들어갈 말은 무엇일까요? (　　)

① 강속구　　　② 속사포　　　③ 속독법　　　④ 속기사

정답은 ②번이에요. 기관총처럼 빠르게 쏘아 대는 대포나 총이 바로 속사포거든요.

그럼 빈칸을 채우며 마저 읽어 볼까요?

남의 말을 빠르게 받아 적는 기술은 □기,

책이나 글을 빠르게 읽는 기술은 □독이에요.

속기를 직업으로 하는 사람이 속기사예요. 또 속독으로 읽으면 그냥 읽는 것보다 속도가 3배 이상 빠르대요.

■ **속단(速 斷**판단할 단**)**
섣부르게 빨리 판단함

■ **속전속결**
(**速 戰**싸울 전 **速 決**결정할 결**)**
일을 빨리해서 빨리 끝냄

■ **속사포**
(**速 射**쏠 사 **砲**대포 포**)**
빠르게 쏘아 대는 포나 총

■ **속기(速 記**기록할 기**)**
빠르게 받아 적음

■ **속독(速 讀**읽을 독**)**
책을 빨리 읽음

■ **속기사(速 記 士**직업 사**)**
속기를 직업으로 하는 사람

🔔 **속성 재배**

속성(速 成이룰 성)으로 재배한다는 것은 농작물을 더 빨리 성장시킨다는 뜻이에요. 온실이나 비닐하우스를 이용하면, 자연에서보다 농작물이 더 빨리 자라거든요.

속도(速度)는 정해진 시간 동안 움직인 정도, 즉 '빠르기의 정도'라는 뜻이에요. 이렇게 속(速)은 빠르기를 뜻하기도 해요.

'빠르기'를 나타내는 말에는 어떤 것들이 있는지 빈칸을 채우며 알아볼까요?

시간당 빠르기는 시속(時速), 분당 빠르기는 □□, 초당 빠르기는 □□이라고 해요. '시속 80km'라고 하면, 한 시간 동안 80km를 간다는 뜻이죠.

빈칸을 채우면 분속, 초속이 돼요. 또한 빛의 빠르기는 광속(光速), 바람의 빠르기는 풍속, 소리의 빠르기는 음속이에요.

다음 중 속도가 빠르다는 뜻을 나타내는 말은 무엇일까요?

(   )

① 광속   ② 고속   ③ 저속   ④ 과속

답은 ②번 고속(高速)이에요. 반대말은 저속이지요. 낮은 속도라는 뜻이에요. 고속보다 빠르면 초고속이에요. 초(超)가 붙어 '훨씬' 빠르다는 뜻이 된 거지요.

손놀림이 장난 아니네.

마찬가지로 음속보다 빠르면 초음속이라고 해요.

빠르기를 더하는 것은 가속(加速)이에요. 자동차의 '가속 페달'을 밟으면 속도가 빨라져요. 반대로 빠르기를 줄이면 감속이지요. 내리막길이나 커브길에서는 감속해야 안전해요.

또 집으로 돌아오는 내내 시속 60km로 달렸으면, 계속 같은 빠르기로 달린 거죠? 빠르기가 같으면 등속이라고 해요.

速	빠르기 속

속도(速 度정도 도)
빠르기의 정도

시속(時시 시 速)
시간당 빠르기

분속(分분 분 速)
분당 빠르기

초속(初초 초 速)
초당 빠르기

광속(光빛 광 速)
빛의 빠르기

풍속(風바람 풍 速)
바람의 빠르기

음속(音소리 음 速)
소리의 빠르기

고속(高높을 고 速)
빠른 속도

저속(低낮을 저 速)
빠르기가 낮음 / 느린 속도

초고속(超넘을 초 高速)
고속을 넘어서는 훨씬 빠른 속도

초음속(超音速)
음속을 뛰어넘는 훨씬 빠른 속도

가속(加더할 가 速)
빠르기를 더함

감속(減줄일 감 速)
빠르기를 줄임

등속(等같을 등 速)
빠르기가 같음

오른쪽 빈칸에 가장 알맞은 말은 무엇일까요? (　　　)

① 급속 ② 신속 ③ 쾌속 ④ 과속

빙하기에 □□ 냉각된 모양이군.

速 빠를 속

- **급속**(急급할 급 速)
  어떤 상태가 빠르게 진행됨
- **급속도**(急速 度정도 도)
  매우 빠른 속도
- **신속**(迅빠를 신 速)
  매우 날쌔고 빠름
- **조속**(早일찍 조 速)
  이르고 빠름
- **쾌속**(快시원할 쾌 速)
  시원스럽게 빠름
- **쾌속정**(快速 艇거룻배 정)
  쾌속으로 달리는 작은 배
- **쾌속선**(快速 船배 선)
  쾌속으로 달리는 큰 배
- **과속**(過지나칠 과 速)
  지나치게 빠름
- **졸속**(拙어설플 졸 速)
  어설프고 빠름

정답은 ①번 급속(急速)이에요. 냉장고의 '급속 냉각' 기능은 얼음을 빨리 얼리는 기능이에요. '급속'은 어떤 상태가 빠르게 진행됨을 뜻해요. 급속도(急速度)도 비슷한 말이에요. 매우 빠른 속도라는 뜻이죠. '급히', '급속히', '급속하게', '급속도로'는 모두 같은 뜻이에요.

동네 중국집에 주문한 뒤 5분 만에 음식이 오면, '신속 배달'이라고 하지요. 신속은 행동이 재빠를 때 쓰는 말이에요.

조속(早速)은 이르면서 빠르다는 뜻이에요. 조속히 나으라는 말은 병이 빨리 나으라는 말이죠.

조속히 나으시길 바랍니다.

무좀은 불치병이라네.

일주일 걸려야 나을 병이 사흘 만에 나으면 좋은 일이잖아요.

이제 빈칸을 채워 넣자고요!

강이나 바다에서 빨리 달리는 작은 배는 쾌□정, 큰 배는 쾌속선입니다. 하지만 무조건 빠르다고 좋은 것은 아니죠. 자동차가 지나치게 빨리 달리는 과□이나, 일을 지나치게 서두르느라 결과가 어설픈 졸□은 좋지 않은 것이지요.

빈칸을 채워 완성된 낱말은 쾌속정, 과속, 졸속이에요.

강속구　속보　속단　속기　속전속결
속독　속도　시속　광속　급속　조속

速
빠를 속

강속구

속공

속달

속보(速步)

속보(速報)

속단

속전속결

속사포

속기

속독

속기사

속성 재배

속도

시속

분속

초속

광속

풍속

1 공통으로 들어갈 한자를 따라 쓰세요.

공								도
전	결	速	초	고			
독		빠를 속				쾌	정

2 어떤 낱말에 대한 설명인지 쓰세요.

1) 우편물을 빨리 배달하는 것 → ☐☐

2) 섣부르게 빨리 판단하는 것 → ☐☐

3) 빠르게 받아 적는 것 → ☐☐

4) 소리의 빠르기 → ☐☐

3 알맞은 낱말을 찾아 문장을 완성하세요.

1) 그 야구 선수의 ☐☐☐ 는 정말 최강이었어.

2) 내리막길에서는 자동차의 속력을 줄이는 ☐☐ 운전을 해야 해.

3) 나도 ☐☐ 을 배우면 책을 빨리 읽을 수 있을까?

4) 화재가 발생하면 ☐☐ 하게 대피해야 해.

4 문장에 어울리는 낱말을 골라 ○표 하세요.

1) 그렇게 (속사포 / 속기사)처럼 빨리 말하면 무슨 소리인지 몰라.

2) 깃발의 펄럭이는 정도를 보면 오늘의 (풍속 / 풍향)을 알 수 있어.

3) 오늘날 휴대 전화의 기능은 (신속도 / 급속도)로 변하고 있어.

4) 이렇게 중요한 결정을 (졸속 / 존속)으로 처리하다니!

5 설명을 읽고, 알맞은 낱말을 연결하세요.

1) 이르면서 빠름 • • 속전속결

2) 오래 끌지 않고 일을 빨리 끝냄 • • 조속

3) 농작물을 빨리 성장시키는 것 • • 시속

4) 시간당 빠르기 • • 속성 재배

6 사다리를 타고 내려가 그 뜻에 맞는 낱말을 [보기]에서 찾아 쓰세요.

| 보기 | 속기사 | 속보 | 쾌속정 | 초고속 |

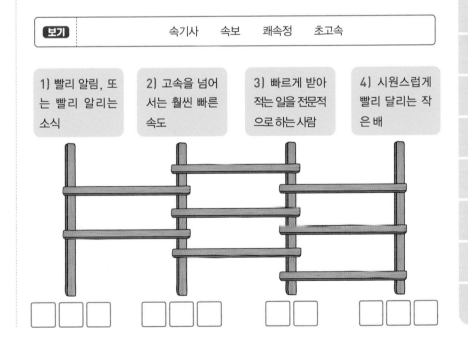

1) 빨리 알림, 또는 빨리 알리는 소식

2) 고속을 넘어서는 훨씬 빠른 속도

3) 빠르게 받아 적는 일을 전문적으로 하는 사람

4) 시원스럽게 빨리 달리는 작은 배

음속

고속

저속

초고속

초음속

가속

감속

등속

급속

급속도

신속

조속

쾌속

쾌속정

쾌속선

과속

졸속

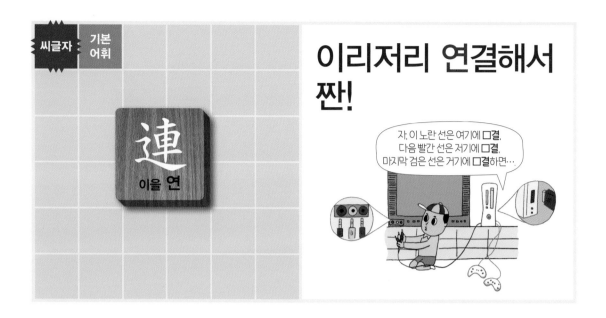

씨글자 기본 어휘

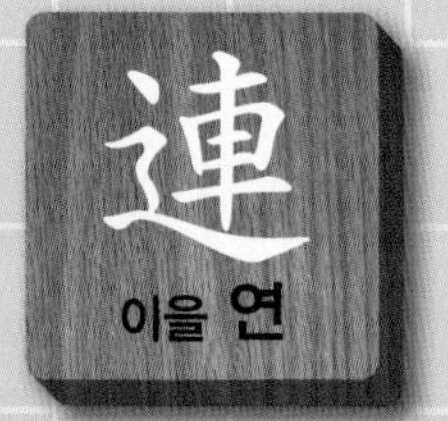
連
이을 연

이리저리 연결해서 짠!

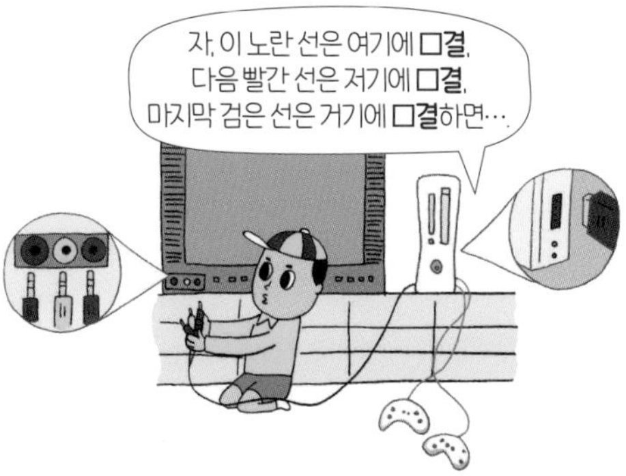
자, 이 노란 선은 여기에 □결,
다음 빨간 선은 저기에 □결,
마지막 검은 선은 거기에 □결하면…

위 그림의 빈칸에 들어갈 말은 연(連)이에요. 연결(連結)은 서로 이어져 관계를 맺는다는 뜻이지요. 사물과 사물이 서로 잇거나 현상과 현상이 관계를 맺게 한다는 말이지요. 연결의 연(連)은 '잇다, 연결하다'라는 뜻이에요.

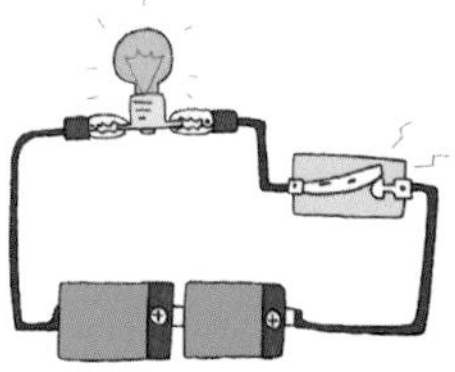
직렬연결

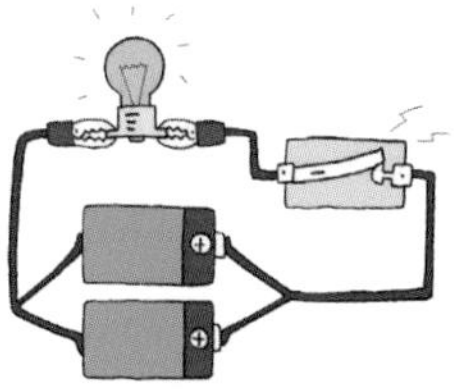
병렬연결

위 왼쪽 그림에서 건전지는 일렬로 연결되어 있지만, 오른쪽 그림에서는 나란히 연결되어 있네요. 일직선으로 연결된 것은 직렬연결, 나란히 연결된 것은 병렬연결이라고 해요.

'중요한 일이 생겨서 친구에게 바로 □□해야 하는데, 휴대 전화가 꺼져 있어요.'에서 빈칸에 들어갈 말은 '연락'이지요. 연락(連絡)은 서로 '연결되다, 관련을 가지다'라는 뜻으로 어떤 사실을 상대방에게 알린다는 의미로 쓰이지요.

연락할 곳은 연락처, 연락하기 위한 체계는 연락망이에요.

連 이을 연

- **연결**(連 結맺을 결)
  서로 이어져 관계를 맺음
- **직렬연결**
  (直곧을 직 列벌릴 렬 連結)
  전기 회로에서 전지 등을 일렬로 연결하는 일
- **병렬연결**
  (竝나란할 병 列連結)
  전기 회로에서 발전기나 전지의 극을 같은 극끼리 나란히 연결하는 일
- **연락**(連 絡얽힐 락)
  어떤 사실을 알림
- **연락처**(連絡 處장소 처)
  연락을 하기 위해 정해 둔 곳
- **연락망**(連絡 網그물 망)
  연락하기 위한 체계

○○일, △△시부터 24시간 **연속** 방영 ☆☆드라마.

24시간 연속 방영 특집이 종종 있지요. 밤도 낮도 없이 계속해서 방송한다는 말인 연속(連續)은 쭉 이어서 끊이지 않고 지속한다는 뜻이지요. 그러면 연속의 뜻을 생각하면서 다음 빈칸을 채워 볼까요?

여러 회로 나누어 쭉 이어서 방영하는 드라마는 □□극,
이어서 동일한 범죄를 저지른 사람은 □□범이에요.

모두 손에 손을 잡아서 하나의 띠처럼 서로 연결되었네요. 하나된 마음이겠죠? 이렇게 한 덩어리로 서로 연결되는 것을 연대(連帶)라고 해요. 서로 연결되어 있다고 느끼는 것은 연대 의식, 그리고 여럿이 함께 같은 일을 하거나 책임을 지는 것은 연대 책임이라고 말하지요.

> 그럼 '어떤 일이나 사람과 연결된 관계, 또는 그러한 관계를 맺는 것'을 뜻하는 낱말은 무엇일까요? 이 낱말은 '□□를 모색하다', '정치적 □□'와 같이 쓰여요. (　　　)
>
> ① 연계　　　② 연속　　　③ 연쇄　　　④ 연인

정답은 ①번 연계예요. 연계(連繫)는 잇달아 맨다는 뜻으로 어떤 일이나 사람과 관련해서 관계를 맺는 것, 또는 그 관계를 뜻하는 말이지요.

왼쪽 그림은 TV 뉴스에서 흔히 볼 수 있는 모습이에요. 범죄자를 '연행'하는 모습이죠. 이 사람은 무슨 범죄에 '연루'된 것일까요? 연행(連行)은 '데리고 가다'라는 뜻이고, 연루(連累)는 '범죄와 관련되다'라는 뜻이에요. 연행에서처럼 연(連)은 '함께 가다'라는 뜻으로 쓰이기도 하지요.

連 연결할 연

- **연속(連 續**이을 속**)**
  이어서 끊이지 않고 지속함
- **연속극(連續 劇**연극 극**)**
  이어서 방영하는 극
- **연속범(連續 犯**범할 범**)**
  동일한 범죄를 이어서 저지른 사람
- **연대(連帶**띠 대**)**
  한 덩어리로 서로 연결되는 것
- **연대 의식**
  (連帶 意뜻 의 識알 식)
  서로 연결되어 있다고 느끼는 것
- **연대 책임**
  (連帶 責직책 책 任맡길 임)
  여럿이 함께 같은 일을 하거나 책임을 지는 것
- **연계(連 繫**맬 계**)**
  어떤 일이나 사람과 관련해서 관계를 맺음

連 함께갈 연

- **연행(連 行**갈 행**)**
  데리고 감
- **연루(連 累**묶을 루**)**
  범죄와 관련됨

이렇게 연달아 좋은 일만 생긴다면 얼마나 좋을까요? 연달아는 '잇따르다'라는 뜻이에요. 휴일이 이틀 이상 이어서 계속되면 연휴(連休)예요. 목이 마르면 연거푸 물을 들이키게 되죠. 연거푸는 잇따라 여러 번 되풀이한다는 말이에요. 여기서 연(連)은 잇닿아서 연결된다는 뜻이죠.

낙엽은 진드기가, 진드기는 딱정벌레가, 딱정벌레는 두더지가 잡아먹네요. 이렇게 연이어서 이어지는 먹이의 사슬을 먹이 연쇄라고 해요. 연쇄(連鎖)는 연결된 사슬이라는 말이에요.

또 연쇄점은 두 개 이상의 가게가 연결된 것을 말하지요.

연일(連日)은 여러 날이 계속됨을 뜻해요. 그렇다면 이어서 연달아 승리하는 것은 무엇이라고 할까요? 그렇죠. 연승(連勝)이에요. 연승은 싸움이나 경기에서 계속해서 이기는 것을 뜻해요. 한편 신문이나 잡지에 글이나 만화를 계속해서 싣는 것은 연재(連載)라고 해요.

🔔 **이런 말도 있어요**

연패(連覇)와 연패(連敗)는 소리가 같지만 쓰이는 한자가 달라서 정반대의 뜻으로 쓰여요. 연패(連覇)는 경기에서 연달아 이기는 것, 연패(連敗)는 계속해서 지는 것이지요.

■ **연패**(連 覇으뜸 패) 경기에서 잇달아 이김   ■ **연패**(連 敗패할 패) 경기에서 잇달아 짐

둥근 달을 보니 아빠의 동그란 얼굴이 연상되나 봐요. 연상(聯想)은 하나의 생각이 또 다른 생각을 연이어 불러일으키는 것을 뜻해요. 연상의 연(聯)은 연(連)과 소리는 같지만 뜻이 약간 다른 글자로 '연잇다, 잇닿다, 연합하다'라는 뜻을 가져요.

여럿이 함께 어울려서 쭉 서는 것은 연립(聯立)이에요. 함께 어울려서면 하나의 형태로 보이지요. 연립 주택, 연립 정부 등으로 써요.

연합군은 둘 이상의 국가가 연합해서 구성한 군대예요. 연합(聯合)은 두 가지 이상의 사물이 합하는 것을 뜻해요. 연합국은 둘 이상의 국가가 하나의 목적을 위해서 연합한 나라지요.

한편 미국과 같이 여러 개의 독립된 자치권을 가진 주나 나라들이 공통된 정치 이념 아래 연합해서 구성한 국가는 연방(聯邦)이에요. 연방 국가라고도 하지요.

FIFA는 국제 축구 연맹이에요. 연맹(聯盟)은 연합해서 맹세하는 것이라는 뜻으로 공동의 목적을 가진 단체가 합쳐서 함께 행동할 것을 맹세하는 것, 또는 그런 조직체를 뜻해요.

'나랑 그 사건과는 아무런 연관이 없어요.'에서 연관(聯關)은 사물이나 현상이 서로 관련을 맺는 것을 뜻해요.

聯 연이을 연

■ **연상**(聯 想생각 상)
하나의 생각이 또 다른 생각을 연이어 불러일으킴

■ **연립**(聯 立설 립)
여럿이 함께 어울려서 쭉 섬

■ **연합군**(聯 合합할 합 軍군대 군)
둘 이상의 국가가 연합해 구성한 군대

■ **연합**(聯 合)
두 가지 이상의 사물이 합하여 하나의 조직체를 만드는 것, 또는 그 조직체

■ **연합국**(聯 合 國나라 국)
둘 이상의 국가가 연합한 나라

■ **연방**(聯 邦나라 방)
자치권을 가진 여러 개의 나라가 하나의 주권 아래 연합한 국가

■ **연맹**(聯 盟맹세 맹)
공동의 목적을 가진 단체가 합쳐서 함께 행동할 것을 맹세하는 것이나 그런 조직체

■ **연관**(聯 關관계할 관)
사물이나 현상이 서로 관련을 맺는 것

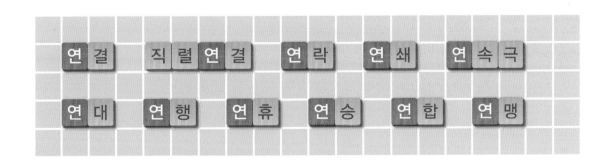

連
이을 **연**

연결

직렬 연결

병렬 연결

연락

연락처

연락망

연속

연속극

연속범

연대

연대 의식

연대 책임

연계

연행

연루

연달아

① 공통으로 들어갈 한자를 따라 쓰세요.

| 결 | | | 휴 |

대 책 임 連 락 망

| 계 | | | 맹 |

이을 **연**

② 어떤 낱말에 대한 설명인지 쓰세요.

1) 이틀 이상 휴일이 계속됨 ➡ ☐☐

2) 어떤 사실을 알림 ➡ ☐☐

3) 이어서 방영하는 극 ➡ ☐☐☐

4) 하나의 생각이 다른 생각을 연이어 불러일으킴 ➡ ☐☐

③ 알맞은 낱말을 찾아 문장을 완성하세요.

1) 이 두 선을 ☐☐ 하면 불이 켜져.

2) 우리 학교 축구 팀이 올해 계속 ☐☐ 을 거두고 있어.

3) 경찰이 와서 옆집 아저씨를 ☐☐ 해 갔어.

4) 이번 일은 진호와 아무런 ☐☐ 이 없어.

4 문장에 어울리는 낱말을 골라 ○표 하세요.

1) 그 작품은 유명한 잡지에 (연재 / 연계)되고 있어.

2) 경기 침체로 중소기업들이 (연결 / 연쇄)적으로 문을 닫고 있어.

3) 학생들은 시민단체와 (연재 / 연대)해서 대규모 캠페인을 벌였어.

4) 그는 각종 범죄와 비리에 (연락 / 연루)되어 해외로 도피했어.

5 설명을 읽고, 알맞은 낱말을 연결하세요.

1) 전지 2개를 다른 극끼리 일렬로 연결한 것 •   • 병렬연결

2) 전지 2개를 같은 극끼리 나란히 연결한 것 •   • 직렬연결

3) 연이어서 이어지는 먹이의 사슬   •   • 연합군

4) 둘 이상의 국가가 연합해 구성한 군대   •   • 먹이 연쇄

6 옳은 답을 따라가면서 나오는 글자를 모아 낱말을 만드세요.

→ 예 → 아니오

자치권을 가진 여러 개의 나라가 하나의 주권 아래 연합한 국가를 연방이라고 한다.	즐 → 신문이나 잡지에 계속해서 글이나 만화를 싣는 것을 연재라고 한다.	대 → 여러 날 계속되는 것을 연일이라고 한다.
아 ↓	빠 ↗ 힘 ↓	내 ↗ 세 ↓ 요
전기회로의 일부에서 발전기나 축전지 등을 일렬로 연결하는 것은 병렬 연결이다.	넘 → 두 가지 이상의 사물이 합하여 하나의 조직체를 만드는 것을 연립이라고 한다.	힘 → 연맹은 공동의 목적을 가진 단체가 합쳐서 함께 행동할 것을 맹세하는 것이나 그런 조직체를 뜻한다. → 고

□ □ □ □ □ □

연달아

연거푸

먹이 연쇄

연쇄

연쇄점

연일

연승

연재

연상

연립

연합군

연합

연합국

연방

연맹

연관

계속하면 성공할 거야!

續
이을 속

위 그림의 빈칸에 들어갈 말은 무엇일까요? (   )

① 계속   ② 용감   ③ 필승   ④ 생각

정답은 ①번 계속. 계속(繼續)은 끊이지 않고 이어 나가는 것이에
요. 이때 속(續)은 '잇다'라는 뜻이에요.

일기예보에서 "내일 밤부터 기온이 떨어져 당분간 영하 10℃ 이하
의 추위가 지속될 것으로 예상됩니다."라고 한다면 옷을 두툼하게
입어야 할 거예요. 지속(持續)은 어떤 상태가 오래 계속되는 것이
거든요.

연속(連續)은 죽 이어진다는 말이에요. 일정한 시간을 정하여 이어
방송하는 극(劇)을 연속극이라고 하지요.

續 │ 이을 속

■ **계속**(繼이을 계 續)
끊이지 않고 이어 나감

■ **지속**(持버틸 지 續)
어떤 상태가 오래 계속됨

■ **연속**(連이어질 연 續)
죽 이어짐

■ **연속극**(連續 劇연극 극)
이어져서 방영하는 극

🔔 **이런 말도 있어요**

지구 온난화 등으로 환경 파괴가 심각해지면서 '지속 가능한 개발'이라는 말이 화제가 되
고 있어요. 지속 가능한 개발이란 개발은 하되, 우리 후손이 누려야 할 것까지 미리 끌어
다 쓰는 식이 되지 않게 조심하는 것을 말해요.

아래 그림의 빈칸에 들어갈 알맞은 낱말을 고르세요. (   )

① 매듭   ② 접속   ③ 기능   ④ 배송

최신 거북이 프린터!
두 대의 컴퓨터에
□□해서 쓸 수 있습니다.
속도는 무진장 느려요.

위이잉~

정답은 ②번. 접속(接續)은 서로 잇는다는 말이에요. 이야기이든, 물건이든, 선이든 서로 이어야 하는 것에 '접속'이란 낱말을 쓰지요.

부모님이 돌아가시면 자식들에게 재산을 물려주지요. 이것을 상속(相續)이라고 해요. 차례로 잇거나 이어받는 것이지요. 재산을 물려받은 자식을 상속인이라고 해요. 신분이나 재산 따위를 법에 따라 물려받은 사람이란 말이죠.

속속(續續)은 '잇따라서'란 말이에요. '크리스마스가 다가오니 성탄 카드가 속속 도착한다.', '대학 시험에 합격했더니 축하 전화가 속속 걸려온다.'처럼 쓰지요.

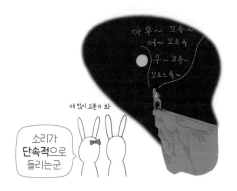

아우~ 꼬속~
어~ 꼬르속
우~ 꼬속~
꼬르ㄴ속~

배 밥이 고픈가 봐

소리가
단속적으로
들리는군.

소리가 들렸다 안 들렸다 할 때, 소리가 단속(斷續)적으로 들린다고 해요.
'수도꼭지에서 수돗물 떨어지는 소리가 단속적으로 들린다.'라는 식으로 쓸 수 있지요. 이때 단속은 '끊어졌다 이어졌다 함'이란 말이죠.

음주 운전 단속의 '단속'과 소리는 같지만 한자가 달라요. 그때는 단체로 속박한다는 뜻의 단속(團束)이에요! 이때는 규칙이나 법령 따위를 지키도록 통제하는 것을 뜻하기도 해요.

■ **접속**(接이을 접 續)
서로 이음

■ **상속**(相서로 상 續)
차례로 잇거나 이어받음

■ **상속인**(相續 人사람 인)
상속받는 사람

■ **속속**(續續)
자꾸 잇따라서

■ **단속**(斷끊을 단 續)
끊어졌다 이어졌다 함

■ **단속**(團모을 단 束묶을 속)
단체로 속박함 / 규칙이나 법령 따위를 지키도록 통제함

續 뒤이을 속

■ **속개**(續 開열 개)
잠시 중단되었던 시합 따위를
다시 시작함

■ **속행**(續 行행할 행)
뒤이어 행함

■ **속편**(續 篇책 편)
이미 나온 작품에 뒤이어 나온
작품

■ **속출**(續 出나올 출)
뒤이어 계속 나옴

■ **속간**(續 刊펴낼 간)
중단했던 신문이나 잡지 따위를
다시 이어서 펴냄

속개(續開)는 중단되었던 시합 따위를 다시 시작할 때 쓰는 낱말이에요. 속행(續行)의 뜻도 궁금하지요? 속행은 계속해서 행하는 것이에요. 계속하면 뒤에 있던 것이 차례로 앞으로 나와 죽 이어지지요? 그래서 속(續)은 '뒤이어 나오다'란 뜻으로도 쓰이죠.

위 그림의 빈칸 (1)과 (2)에 들어갈 낱말은 무엇일까요?

(   )

① 속편 – 속출   ③ 속편 – 속행

② 재탕 – 삼탕   ④ 속출 – 속편

정답은 ① 속편 – 속출. 속편(續篇)은 이미 나온 작품에 뒤이어 나온 작품을 말하죠. 속출(續出)은 뒤이어서 계속 나온다는 말이에요.
즐겨 보던, 폐간된 잡지가 다시 발행된다면 기분이 좋겠지요? 이때는 잡지가 속간(續刊)되었다고 해요. 속간이란 간행을 중단했던 신문이나 잡지 따위를 다시 계속하여 낸다는 말이거든요.

🔔 **속육전**

속육전(續 六여섯 육 典법전 전)은 조선 초 태종의 법치주의 이념을 담은 법전이에요. 태조 때 나온 '경제육전'의 속편인데, 지금은 전해지지 않아요.

🔔 **속장경**

속장경(續 藏불경 장 經경서 경)은 승려 의천이 대장경을 만들 때 빠진 것을 모아 엮은 불교 경전이에요.

네, 후속(後續)은 '뒤를 이어 계속한다'란 뜻이에요. 그러니까 앞서 광당근병에 대한 보도가 있었고 지금 방송 중인 건 그 후속 편인 거죠. 이처럼 속(續)은 '계속'이라는 뜻을 가지고 있어요.

이전 노래에 뒤이어 나온 노래는 □□곡, 한 일자리에서 계속 근무하는 것은 근□(勤續), 어떤 일이나 현상이 계속되는 건 존□(存續), 어떤 현상이 영원히 계속되는 건 영□(永續)이지요.

續	계속 속

- **후속**(後뒤 후 續)
  뒤를 이어 계속함
- **후속 편**(後續 篇책 편)
  앞 편에 이어 계속되는 편
- **후속곡**(後續 曲노래 곡)
  이전 노래에 뒤이어 나온 노래
- **근속**(勤근무할 근 續)
  한 일자리에서 계속 근무함
- **존속**(存있을 존 續)
  어떤 일이나 현상이 계속됨
- **영속**(永영원할 영 續)
  영원히 계속됨

'~에 속(屬)하다'라는 말이 있어요. 여러분도 학급과 학교에 속했고, 지역과 나라에 속해 있지요.
이때 속(屬)은 '무리'라는 말이에요. 무리는 여러 명이 모인 집단이잖아요. 그래서 '붙어 있다'라는 뜻도 가져요. 속성(屬性)은 사물에 속한 그 사물의 특징이나 성질이에요.

속(屬) 자가 붙는 말로 금속(金屬)이 있어요.
금속은 쇠붙이예요. 쇠와 비슷한 성질을 가진 것들을 통틀어 일컫는 말이죠. 금속 화폐, 금속 활자, 중금속은 모두 쇠붙이와 관계가 있지요.

屬	무리 붙어 있을 속

- **속성**(屬 性성질 성)
  사물의 특징이나 성질
- **금속**(金쇠 금 屬)
- **금속 화폐**
  (金屬 貨재물 화 幣돈 폐)
  금속으로 만든 화폐
- **금속 활자**
  (金屬 活살 활 字글자 자)
  금속으로 만든 활자
- **중금속**(重무거울 중 金屬)
  무거운 금속

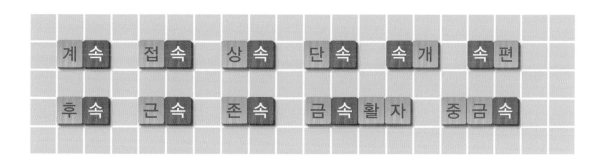

續
이을 속

계속

지속

연속

연속극

접속

상속

상속인

속속

단속(斷續)

단속(團束)

속개

속행

속편

속출

❶ 공통으로 들어갈 한자를 따라 쓰세요.

연

단

금 활 자

續
이을 속

연 극

출

존

❷ 어떤 낱말에 대한 설명인지 쓰세요.

1) 차례로 잇거나 이어받음 ➡ ☐☐

2) 영원히 계속됨 ➡ ☐☐

3) 뒤이어 계속 나옴 ➡ ☐☐

4) 금속으로 만든 활자 ➡ ☐☐ ☐☐

❸ 알맞은 낱말을 찾아 문장을 완성하세요.

1) 우리 삼촌은 한 회사에서 10년간 ☐☐ 했어.

2) 피아노 연습을 ☐☐ 해. 재능이 있어서 좋은 피아니스트가 될 거야.

3) 어마어마한 재산을 물려받은 ☐☐☐ 이 재산을 기부했어.

4) 영하의 날씨가 ☐☐ 되어서 정말 추워.

4 문장에 어울리는 낱말을 골라 ○표 하세요.

1) 컴퓨터에 (연속 / 접속)된 선이 불량이야.

2) 엄마도 어릴 때 이 만화 잡지를 봤었는데, 30년 만에 다시 (속행 / 속간) 되었구나.

3) 그 나라는 더 이상 (존속 / 졸속)되지 못하고 멸망했어.

4) 관중 여러분, 중단되었던 경기가 곧 (상속 / 속행)될 예정입니다.

5 설명을 읽고, 알맞은 낱말을 연결하세요.

1) 잇따라서 •   • 상속인

2) 뒤이어 계속 나옴 •   • 속속

3) 한 일자리에서 계속 근무함 •   • 속출

4) 재산을 물려받는 사람 •   • 근속

6 사다리를 타고 내려가 그 뜻에 맞는 낱말을 [보기]에서 찾아 쓰세요.

| 보기 | 금속   속성   단속   속개 |

1) 중단되었던 회의 따위를 뒤이어 엶

2) 끊어졌다 이어졌다 함

3) 쇠붙이

4) 사물의 특징이나 성질

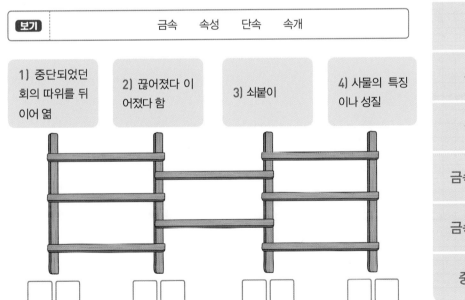

| 속간 |
| 속육전 |
| 속장경 |
| 후속 |
| 후속 편 |
| 후속곡 |
| 근속 |
| 존속 |
| 영속 |
| 속성 |
| 금속 |
| 금속 화폐 |
| 금속 활자 |
| 중금속 |

시대의 패러다임, 생활의 패턴

패러다임 패턴

> 코페르니쿠스는 천동설이 중심이던 시대에 지동설을 주장했어. **패러다임**을 바꾼 위대한 발견이었지!

> 천동설? 지동설? 패러다임?

옛날 사람들은 우주의 중심은 지구라고 믿었어요. 이처럼 어떤 한 시대 사람들의 생각을 지배하고 있는 틀을 패러다임(paradigm)이라고 해요. 그런데 코페르니쿠스가 나타나 지구는 스스로 돌면서 태양의 주위를 돈다는 주장을 했어요. 이로 인해 사람들의 생각이 완전히 뒤바뀌었지요. 즉 패러다임을 바꾼 거예요.

패턴(pattern)은 일정한 형태나 양식을 말해요. 행동 패턴, 생활 패턴 등과 같은 표현으로 쓰여요. 패러다임과 패턴처럼 일상생활에 자주 쓰이는 외래어들을 만나 볼까요?

아이디어에서 메커니즘까지

새로운 로봇을 만들어 볼까요? 여기 멋진 아이디어(idea)가 있어요. 아이디어는 생각과 비슷한 의미로, 어떤 일에 대한 구상을 뜻해요. 아이디어가 어느 정도 정해졌다면 데이터(data)를 모아야 해요. 데이터는 관찰이나 실험, 조사로 얻은 사실이나 정보예요.

다음엔 로봇의 시스템(system)을 구성해야 해요. 시스템이란 필요한 기능을 실제로 이루어지게 하기 위해 관련된 것들을 한데 모아 한 덩어리로 짜 놓은 것이에요.

패러다임

어떤 한 시대 사람들의 생각을 지배하고 있는 틀

- **패턴**(pattern)
  일정한 형태나 양식
- **아이디어**(idea)
  어떤 일에 대한 구상
- **데이터**(data)
  관찰이나 실험, 조사로 얻은 사실이나 정보
- **시스템**(system)
  필요한 기능을 실제로 이루어지게 하기 위해 관련된 것들을 한데 모아 한 덩어리로 짜 놓은 것

로봇은 프로그램(program)에 따라 움직여요. 프로그램은 사용하는 사람이 원하는 일을 할 수 있도록 방법과 순서를 차례대로 지시하는 것을 뜻하는 말이에요.

시스템, 프로그램이란 말은 컴퓨터 시스템, 컴퓨터 프로그램과 같이 컴퓨터 분야에서 많이 쓰는 말이에요.

로봇이 움직이는 메커니즘(mechanism)을 완전히 이해하는 것은 어려워요. 정말 복잡하거든요! 메커니즘은 사물이 작용하는 원리나 구조라는 뜻이에요.

옳은 것도 틀린 것도 아니야, 패러독스(paradox)

옛날에 그리스에 있는 크레타섬에 사는 예언자가 "크레타섬 사람들이 하는 말은 모두 거짓말이다."라고 했어요. 이 말은 참말일까요, 거짓말일까요?

예언자의 말대로 섬사람들의 말이 모두 거짓말이라면 예언자가 한 말은 거짓말이 돼요. 예언자 자신도 크레타섬 사람이니까요. 반대로 생각하면 어떨까요? 예언자가 거짓말을 한 것이라면 섬사람들이 하는 말은 모두 거짓말이 아닌 것이에요. 결국 예언자가 한 말을 옳다고도 틀리다고도 할 수 없는, 이러지도 저러지도 못하는 상황이 되어 버려요. 이렇게 참이라고도 거짓이라고도 말할 수 없이 앞뒤가 서로 맞지 않는 문장이나 관계를 패러독스(paradox)라고 해요. 역설이라고도 하지요.

- **프로그램**(program)
  사용하는 사람이 원하는 일을 할 수 있도록 방법과 순서를 차례대로 지시하는 것
- **컴퓨터 시스템**(computer system)
  프로그램의 일부와 또는 전체 그 프로그램의 실행에 필요한 데이터들을 위해 공용 기억 장소를 사용하는 단위
- **컴퓨터 프로그램**(computer program)
  컴퓨터로 하여금 어떠한 기능을 할 수 있도록 지시하는 명령어들의 집합 또는 일련의 프로그램
- **메커니즘**(mechanism)
  사물이 작용하는 원리나 구조
- **패러독스**(paradox)
  참이라고도 거짓이라고도 말할 수 없이 앞뒤가 서로 맞지 않는 문장이나 관계

제한이 너무 많아!

제 한

아버지를 아버지라 부르지 못하고 형을 형이라 부르지 못하고. 신분 때문에 제한이 너무 많아요!

흑 흑 흑…

〈홍길동전〉의 주인공 홍길동은 양반인 아버지와 종인 어머니 사이에서 태어났어요. 홍길동은 서자라는 신분 때문에 과거 시험도 볼 수 없는 등 많은 제한을 받았어요. '제한할 제(制)', '한계 한(限)' 자가 합쳐진 제한은 정해진 한계를 뜻해요.

홍길동은 신분의 한계를 극복하기 위해 노력하였어요. 한계는 사물이나 능력 등이 작용할 수 있는 범위를 나타내는 선을 말해요.

홍길동의 이야기를 보면서 제한과 한계의 뜻을 지닌 낱말을 알아봐요.

제한할 때는 제한할 제(制)

홍길동은 낮은 신분 때문에 자신의 뜻을 펼치는 데 여러 제약을 받았어요. 제약은 조건을 붙여 내용을 제한하는 것이에요.

홍길동을 미워한 사람들은 여러 번 자객을 보냈지만 홍길동은 도술을 부려 자신을 죽이러 온 사람을 손쉽게 제어하였어요. 제어는 상대편을 억눌러서 제 마음대로 다루는 것이에요. 제어와 비슷한 뜻으로 자제가 있어요. 자제는 자기의 감정이나 욕망을 스스로 억제하는 것을 뜻해요. 목숨까지 위협받은 홍길동은 분노를 억제하고 결국 집을 나왔어요.

制 제한할 제	限 한계 한
정해진 한계	

- **한계**(限 界지경 계)
사물이나 능력 등이 작용할 수 있는 범위를 나타내는 선
- **제약**(制 約묶을 약)
조건을 붙여 내용을 제한함
- **제어**(制 御막을 어)
상대편을 억눌러 제 마음대로 다룸
- **자제**(自 스스로 자 制)
자기의 감정이나 욕망을 스스로 억제함

44

억제는 마음이나 충동적인 행동을 내리눌러서 그치게 하는 것이에요.

이곳저곳을 떠돌던 홍길동은 도둑들의 두목이 되었어요. 홍길동은 아무리 도둑이라 하여도 함부로 남의 물건을 빼앗지 않도록 도둑들을 통제하였어요. 통제는 행동을 제한하거나 제약하는 것이에요.

제(制)는 '짓다'라는 뜻으로도 쓰여요. 홍길동이 살았던 당시의 신분 제도는 양반만을 위해 제정된 것이었어요. 신분이 낮은 사람은 아무리 능력이 뛰어나도 벼슬을 할 수 없었지요. 제도는 관습이나 나라의 법칙, 제정은 제도나 법률 등을 만들어서 정한 것을 뜻해요.

제약이 너무 많은 신분 제도! 그래서 난 떠난다!

신분 제도

휘이잉...

한계를 나타낼 때는 한계 한(限)

홍길동은 양반들에 ☐정하여 곡식을 훔쳤어요. 한정은 수량이나 범위 등을 제한하여 정하는 것, 또는 그런 한도예요.

나라에서는 장수에게 권☐을 주어 도둑을 잡게 하였어요. 권한은 권리나 권력이 미치는 범위예요.

홍길동은 극☐의 상황이었어요. 극한이란 어떤 일의 마지막 한계라는 뜻이에요. 장수는 시☐ 안에 홍길동을 잡지 못하였어요. 시한은 일정한 동안의 끝을 정한 때예요.

이후 홍길동은 새 나라를 세웠어요. 이 나라의 백성이 되는 데에는 기☐이 없었어요. 기한은 미리 한정하여 놓은 시기예요.

■ **억제**(抑누를 억 制)
마음이나 충동적인 행동을 내리눌러서 그치게 하는 것

■ **통제**(統거느릴 통 制)
행동을 제한하거나 제약하는 것

■ **제도**(制제도 제 度법도 도)
관습이나 나라의 법칙

■ **제정**(制 定정할 정)
제도나 법률 등을 만들어서 정한 것

■ **한정**(限定)
수량이나 범위 등을 제한하여 정하는 것

■ **권한**(權권리 권 限)
권리나 권력이 미치는 범위

■ **극한**(極끝 극 限)
어떤 일의 마지막 한계 / 사물이 닿을 수 있는 맨 끝

■ **시한**(時때 시 限)
일정한 동안의 끝을 정한 때

■ **기한**(期기약할 기 限)
미리 한정하여 놓은 시기

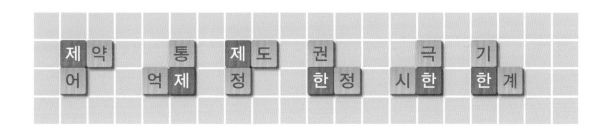

| 제 | 약 | | 통 | | 제 | 도 | 권 | | | 극 | 기 |
| 어 | | | 억 | 제 | 정 | | 한 | 정 | 시 | 한 | 한 | 계 |

1 설명을 보고, 알맞은 낱말을 쓰세요.

1) 어떤 한 시대 사람들의 생각을 지   →   ☐ ☐ ☐ ☐
   배하고 있는 틀

2) 일정한 형태나 양식   →   ☐ ☐

2 [보기]를 보고, 다음 설명에 해당하는 낱말을 쓰세요.

> **보기**   패러독스   시스템   프로그램   아이디어

1) 어떤 일에 대한 구상을 ☐ ☐ ☐ ☐ 라고 해.

2) 필요한 기능을 실제로 이루어지게 하기 위해 관련된 것들을 한데 모아
   한 덩어리로 짜 놓은 것은 ☐ ☐ ☐ 이야.

3) 사용하는 사람이 원하는 일을 할 수 있도록 방법과 순서를 차례대로 지
   시하는 것은 ☐ ☐ ☐ ☐ 이라고 해.

4) 참이라고도 거짓이라고도 말할 수 없이 앞뒤가 서로 맞지 않는 문장이나
   관계는 ☐ ☐ ☐ ☐ 라고 하지.

3 문장에 어울리는 낱말을 골라 ○표 하세요.

1) 역사적 인물에 대한 이해는 그가 살았던 시대의 (패러다임 / 패러독스)
   안에서 이루어져야 한다.

2) 그는 새로운 광고를 만들기 위한 기획 회의에서 획기적인 (메커니즘 /
   아이디어)을(를) 내놓았다.

3) 올해 우리 학교는 새로운 컴퓨터 (시스템 / 패턴)을 도입할 것이다.

4) 우리나라와 서양은 행동 (패턴 / 프로그램)이 서로 다르다.

패러다임

패턴

아이디어

데이터

시스템

프로그램

컴퓨터
시스템

컴퓨터
프로그램

메커니즘

패러독스

제 한

1 공통으로 들어갈 낱말을 쓰세요.

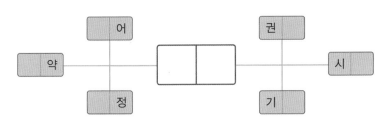

제한

한계

제약

제어

자제

억제

통제

제도

제정

한정

권한

극한

시한

기한

2 주어진 낱말을 넣어 문장을 완성하세요.

1) 제 어 / 약

상대편을 억눌러서 제 마음대로 다루는 것은 ▢▢,
조건을 붙여 내용을 제한하는 것은 ▢▢이다.

2) 통 / 억 제

마음이나 충동적인 행동을 내리눌러서 그치게 하는 것은
▢▢, 행동을 제한하거나 제약하는 것은 ▢▢
이다.

3) 제 도 / 정

관습이나 나라의 법칙은 ▢▢,
제도나 법률 등을 만들어서 정하는 것은 ▢▢이다.

4) 권 / 한 정

어떤 사람이나 기관의 권리나 권력이 미치는 범위는 ▢▢,
수량이나 범위 등을 제한하여 정하는 것은 ▢▢이다.

3 문장에 어울리는 낱말을 골라 ○표 하세요.

1) 이번 시합에서 우승하기 위해서는 나의 (한계 / 한정)를(을) 넘어서야 한다.

2) 억울한 마음에 터져 나오는 울음을 (제약 / 제어)할 수 없었다.

3) 죄송하지만, 그것은 나의 (권한 / 기한) 밖의 일이어서 어쩔 수 없습니다.

우리는 필연일까, 우연일까?

필

연

우리가 살면서 겪게 되는 수많은 일은 필연일까요, 우연일까요? 필연이란 반드시 그렇게 될 수밖에 없는 일이라는 뜻으로, '반드시 필(必)'과 '그럴 연(然)' 자로 이루어졌어요. 그럼 우연은요? 우연은 어쩌다 보니 뜻하지 않게 일어난 일이에요.
그동안 자신에게 일어난 일들을 떠올려 보세요. 필연이었을까요, 우연이었을까요?

반드시, 꼭이라는 뜻의 필(必)

지금 여러분에게 필요한 것은 무엇일까요? 멋진 스마트폰? 나를 믿어 주고 좋아해 주는 친구? 필요는 반드시 요구되는 것, 있어야 하는 것이에요.
빈칸을 채우며 '반드시 필(必)'이 들어가는 낱말을 알아봐요.

☐요성은 반드시 요구되는 성질이라는 뜻이에요. '필요'에 성질이라는 뜻의 낱말인 성(性)을 붙였어요.
꼭 필요로 하는, 없어서는 안 되는 것은 ☐수,
반드시 이기는 것은 ☐승,
죽을힘을 다하는 것은 ☐사예요.

必	然
반드시 필	그럴 연

반드시 그렇게 될 수밖에 없는 일

■ **우연**(偶우연 우 然)
어쩌다 보니 뜻하지 않게 일어난 일

■ **필요**(必 要필요할 요)
반드시 요구되는 것, 있어야 하는 것

■ **필요성**(必要 性성질 성)
반드시 요구되는 성질

■ **필수**(必 須모름지기 수)
꼭 필요로 하는, 없어서는 안 되는 것

■ **필승**(必 勝이길 승)
반드시 이기는 것

■ **필사**(必 死죽을 사)
반드시 죽음 / 죽을힘을 다하는 것

필사는 본래 반드시 죽는다는 뜻인데, 그 의미가 넓게 사용되어 '죽을힘을 다하다'란 뜻으로도 쓰이지요.

그러하다는 뜻의 그럴 연(然)

공부를 열심히 안 해서 시험을 잘 못 본 것은 자연적인 결과예요. 자연적이란 당연히 그렇게 되는 것을 말해요. 사람의 손길이 가지 않은 자연 그대로의 모습을 지닌 것이라는 뜻도 있어요.

다음 시험의 성적은 과연 어떤 결과일까요? 공부를 열심히 했다면 성적이 오르는 게 당연하겠죠?

과연은 정말로, 참으로란 뜻이고 당연은 마땅히 그러하다는 뜻이에요.

하지만 앞으로 공부할 일이 막연하다면 정말 큰일이네요. 막연은 아득하고 어렴풋한 것이에요.

앞으로의 일이 조금 걱정되더라도 태연한 마음으로 시작하는 것도 괜찮아요. 태연은 마땅히 머뭇거릴 상황에서 아무렇지 않은 듯 있는 모양을 말해요.

그동안 어려운 일이 많았지만 의연하게 잘 버텼잖아요. 그렇게 잘 버티다 보면 좋은 결과가 확연하게 드러날 거예요. 의연은 의지가 굳세어서 끄떡없는 것, 확연은 아주 확실한 것이에요. 우리 모두 힘내요!

자연적
(自 스스로 자 然 的 ~하는 적)
당연히 그렇게 되는 것 / 사람의 손길이 가지 않은 자연 그대로의 모습을 지닌 것
과연(果 결과 과 然)
정말로, 참으로
당연(當 마땅 당 然)
마땅히 그러함
막연(漠 아득할 막 然)
아득하고 어렴풋한 것
태연(泰 편안할 태 然)
마땅히 머뭇거릴 상황에서 아무렇지 않은 듯 있는 것
의연(毅 굳셀 의 然)
의지가 굳세어서 끄떡없는 것
확연(確 굳을 확 然)
아주 확실한 것

혼란의 소용돌이에 빠졌어요

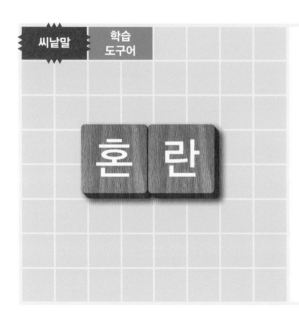

혼 란

소란하고 **혼잡**하고…
그야말로 **혼란**의
소용돌이군.

인기 최고인 아이돌 스타의 공연을 보기 위해 사람들이 한꺼번에 몰렸어요. 공연장 앞은 그야말로 혼란의 소용돌이였지요. 아이들이 떠드는 소리로 소란했고 교통은 혼잡했어요. 혼란은 뒤죽박죽이 되어 어지럽고 질서가 없다는 뜻으로, '섞을 혼(混)', '어지러울 란(亂)' 자가 합쳐진 말이지요. 소란은 시끄럽고 어지러운 것, 혼잡은 여럿이 한데 뒤섞여 어수선한 것을 뜻해요.

섞는다는 뜻의 혼(混)

간단하고도 맛있는 요리를 만들어 볼까요? 우선 밀가루에 우유와 계란을 혼합해서 반죽을 해요. 혼합은 뒤섞어서 한데 합하는 것이에요.

혹시 혼합물이라는 낱말도 들어봤나요? 혼합물은 두 가지 이상의 물질이 각각의 성질을 지니면서 뒤섞인 것을 뜻하지요.

그럼 '섞을 혼(混)' 자가 들어간 또 다른 낱말을 알아볼까요?

☐ 동은 구별하지 못하고 뒤섞어서 생각하는 것,

☐ 선은 말이나 일을 서로 다르게 파악해서 혼란이 생기는 것,

☐ 돈은 마구 뒤섞여 있어 갈피를 잡을 수 없는 상태,

混	亂
섞을 혼	어지러울 란

뒤죽박죽이 되어 어지럽고
질서가 없는 것

■ **소란**(騷떠들 소 亂)
시끄럽고 어지러운 것

■ **혼잡**(混 雜섞일 잡)
여럿이 한데 뒤섞여 어수선한 것

■ **혼합**(混 合합할 합)
뒤섞어서 한데 합하는 것

■ **혼합물**(混合 物물건 물)
두 가지 이상의 물질이 각각의
성질을 지니면서 뒤섞인 것

■ **혼동**(混 同한가지 동)
구별하지 못하고 뒤섞어서 생
각하는 것

■ **혼선**(混 線줄 선)
말이나 일을 서로 다르게 파악
해서 혼란이 생기는 것

□용은 한데 섞어 쓰는 것,

□혈은 피가 섞인 것, 인종이 다른 혈통이 섞인 것을 뜻해요.

어지럽다는 뜻의 란(亂)

'어지러울 란(亂)' 자가 낱말의 맨 앞에 쓰이면 난으로 읽어요. 빈칸을 채우며 '어지러울 란(亂)' 자가 들어간 낱말들을 살펴봐요.

□세는 어지러워 살기 힘든 세상,

□국은 어지러운 형편이나 국면을 말해요.

가지고 싶은 게임기를 사 주지 않는다고 □리를 피운 적은 없겠죠?

난리는 작은 소동을 말해요. 임진왜란 같은 전쟁이나, 홍수나 싸움으로 세상이 소란해지고 어지러워졌을 때 '난리가 났다'고 해요.

난리를 피하여 옮겨 가는 것은 피란,

어수선하고 너저분한 것은 난잡,

행동이 몹시 거칠고 사나운 것은 난폭이에요.

또 난투극은 한데 엉켜 치고받으며 싸우는 장면이지요.

데구르르...

이건 난리가 아니라 난국이야, 난국.

게임기 사달란 말이에요~

■ **혼돈**(混 沌엉길 돈)
마구 뒤섞여 있어 갈피를 잡을 수 없는 상태

■ **혼용**(混 用쓸 용)
한데 섞어 쓰는 것

■ **혼혈**(混 血피 혈)
피가 섞인 것 / 인종이 다른 혈통이 섞인 것

■ **난세**(亂 世세상 세)
어지러워 살기 힘든 세상

■ **난국**(亂 局판 국)
어지러운 형편이나 국면

■ **난리**(亂 離흩어질 리)
작은 소동

■ **피란**(避피할 피 亂)
난리를 피하여 옮겨 가는 것

■ **난잡**(亂 雜섞일 잡)
어수선하고 너저분한 것

■ **난폭**(亂 暴사나울 폭)
행동이 몹시 거칠고 사나운 것

■ **난투극**
(亂 鬪싸울 투 劇연극 극)
치고받으며 싸우는 장면

🔔 **이런 말도 있어요**

난중일기(亂 中 日 記)는 충무공 이순신 장군이 임진왜란 중에 쓴 일기를 말해요. 여기서 '난중'은 '난리가 일어나고 있는 동안'을 뜻하지요.

■ **난중일기**(亂 中 가운데 중 日 날 일 記 기록할 기) 임진왜란 중 이순신 장군이 쓴 일기

| 혼합 | 혼선 | 혼용 | 난세 | 난리 | 난투극 |
| 동 | 돈 | 혈 | 국 | 잡 | 폭 |

1 공통으로 들어갈 낱말을 쓰세요.

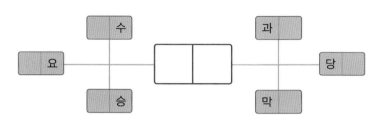

필연
우연
필요
필요성
필수
필승
필사
자연적
과연
당연
막연
태연
의연
확연

2 주어진 낱말을 넣어 문장을 완성하세요.

1) 필 요 / 수

반드시 요구되는 것, 있어야 하는 것은 ☐☐ ,

꼭 필요로 하는, 없어서는 안 되는 것은 ☐☐ 이다.

2) 필 승 / 사

반드시 이기는 것은 ☐☐ ,

죽을힘을 다하는 것은 ☐☐ 이다.

3) 당 / 과 연

정말로, 참으로라는 뜻의 말은 ☐☐ ,

마땅히 그러하다는 것은 ☐☐ 이다.

4) 태 / 막 연

아득하고 어렴풋한 것은 ☐☐ , 마땅히 머뭇거릴 상

황에서 아무렇지 않은 듯 있는 것은 ☐☐ 이다.

3 문장에 어울리는 낱말을 골라 ○표 하세요.

1) 우리는 그 사실을 뜻하지 않게 (필연 / 우연)히 알게 되었다.

2) 범인은 (태연 / 막연)한 얼굴로 자신이 저지른 일을 하나하나 자세히 말

하기 시작하였다.

3) 그는 온갖 어려움 속에서도 (의연 / 당연)한 태도를 보여 주었다.

4) 그들이 서로를 깊이 존중하고 있다는 것은 (과연 / 확연)한 사실이었다.

1 공통으로 들어갈 낱말을 쓰세요.

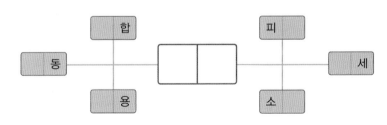

혼란	
소란	
혼잡	
혼합	
혼합물	
혼동	
혼선	
혼돈	
혼용	
혼혈	
난세	
난국	
난리	
피란	
난잡	
난폭	
난투극	
난중일기	

2 주어진 낱말을 넣어 문장을 완성하세요.

1) 혼 합 / 동   뒤섞어서 한데 합하는 것은 ☐☐,
   구별하지 못하고 뒤섞어서 생각하는 것은 ☐☐이다.

2) 혼 선 / 돈   일을 서로 다르게 파악해서 혼란이 생기는 것은 ☐☐,
   마구 뒤섞여 있어 갈피를 잡을 수 없는 상태는 ☐☐
   이다.

3) 난 세 / 국   어지러워 살기 힘든 세상은 ☐☐,
   어지러운 형편이나 국면은 ☐☐이다.

4) 난 잡 / 폭   어수선하고 너저분한 것은 ☐☐,
   행동이 몹시 거칠고 사나운 것은 ☐☐이다.

3 문장에 어울리는 낱말을 골라 ○표 하세요.

1) 여러 가지 음식 재료를 잘 (혼합 / 혼돈)해 주세요.

2) 회의에서 서로 의견을 제대로 주고받지 못한 탓인지 결론을 내리는 데
   (혼선 / 혼혈)이 일어났다.

3) 요즈음 우리말은 외국어와의 (혼잡 / 혼용) 문제가 심각하다.

4) 동생은 자신이 갖고 싶은 장난감을 사 달라고 (난리 / 난잡)를(을) 피웠다.

유혹한다고 미혹되면 안 돼요!

여러분을 유혹하는 건 무엇이 있나요? 게임, 만화, 불량식품? 유혹(誘惑)은 '꾈 유(誘)' 자에 '미혹할 혹(惑)' 자가 더해진 낱말로 남을 꾀어서 정신을 혼미하게 하거나 좋지 아니한 길로 이끄는 것을 뜻해요. 또 무엇에 홀려 정신을 차리지 못하는 걸 미혹이라고 해요. 미혹은 '헷갈리게 할 미(迷)' 자에 '미혹할 혹(惑)' 자가 더해졌어요.

그럼 유(誘), 혹(惑), 미(迷) 자가 들어간 낱말을 살펴볼까요?

유도하고 끌어오는 꾈 유(誘)

어떤 것에 이끌려 다른 일이 일어나는 것을 유발이라고 해요. '도로에서 무작정 끼어드는 차량들 때문에 교통 체증이 유발되다'에서 유발은 좋지 않은 뜻으로 쓰였어요. 하지만 '공부를 싫어하는 친구에게 관심을 유발한다'에서 유발은 좋은 의미로 쓰였어요.

남을 꾀어서 이끄는 일은 유도라고 해요. 교통경찰이 혼잡한 도로에서 질서를 유도하거나, 가수가 콘서트장에서 관객의 박수를 유도하지요.

'꾈 유(誘)' 자가 들어가는 낱말을 더 알아봐요.

남을 꾀어내는 건 ☐인,

誘 꾈 유	惑 미혹할 혹

남을 꾀어서 정신을 혼미하게 하거나 좋지 아니한 길로 이끎

- **미혹**(迷헷갈리게 할 미 惑)
  무엇에 홀려 정신을 차리지 못함
- **유발**(誘 發일어날 발)
  어떤 것에 이끌려 다른 일이 일어남
- **유도**(誘 導이끌 도)
  꾀어서 이끎
- **유인**(誘 引끌 인)
  남을 꾀어냄
- **권유**(勸권할 권 誘)
  어떤 일 따위를 하도록 권함
- **유치**(誘 致이를 치)
  큰 행사나 사업을 끌어옴

어떤 일 따위를 하도록 권하는 건 권☐,

큰 행사나 사업을 끌어오는 건 ☐치라고 해요. 우리나라는 1988년 서울 올림픽과 2018년 평창 동계 올림픽을 유치했지요.

홀려서 정신을 못차리는 미혹할 혹(惑), 미혹할 미(迷)

무엇에 홀딱 반하거나 빠져서 정신을 못 차릴 때 '~에 혹하다'고 해요. 예쁜 물건, 재미있는 게임에 혹할 수도 있고 종교 지도자에게 혹해서 정신을 차리지 못하는 경우도 있지요.

세상을 어지럽히고 백성을 속이는 일을 혹세무민이라고 해요.

혹세무민하는 사람에게 혹해서 곤란한 일을 당하면 어찌할 바를 모를 수도 있는데, 이런 걸 곤혹이라고 해요. 당혹이라고도 하지요.

무엇에도 미혹되지 않은 건 불혹이라고 해요.

옛날 중국의 성인 공자는 나이가 마흔이 되면 유혹에 흔들리지 않아야 한다고 했어요. 그래서 마흔 살을 불혹이라고 일컫지요.

이제 '미혹할 미(迷)' 자가 들어 있는 낱말을 볼까요?

갈피를 잡을 수 없어서 헤매게 되는 길은 ☐로,

어리석고 헛된 믿음은 ☐신,

길을 잃고 헤매는 아이는 ☐아,

정신이 헛갈리고 흐리멍덩한

상태는 혼☐하다고 해요.

무엇에 홀딱 빠져 헤매지 않도록

정신을 똑바로 차리자고요!

■ **혹(惑)하다**
홀딱 반하거나 빠져서 정신을 못 차리다

■ **혹세무민(惑** 世세상 세 **誣**속일 무 **民**백성 민)
세상을 어지럽히고 백성을 속이는 것

■ **곤혹(困** 괴로울 곤 **惑)**
곤란한 일을 당해 어찌할 바를 모름

■ **당혹(當** 당할 당 **惑)**
어떤 일을 당하여 어쩔 줄을 모름

■ **불혹(不** 아닐 불 **惑)**
무엇에도 미혹되지 않음

■ **미로(迷 路**길 로**)**
갈피를 잡을 수 없는 길

■ **미신(迷 信**믿을 신**)**
어리석고 헛된 믿음

■ **미아(迷 兒**아이 아**)**
길을 잃고 헤매는 아이

■ **혼미(昏**어두울 혼 **迷)**
정신이 헛갈리고 흐리멍덩함

이번 장기 자랑에서 꼭 1등을!

미신이라니까! 그 시간에 연습을 하라고.

비나이다…

| 유발 | 권☐ | | 불☐ | 유☐ | 미로 | 혼☐ |
| 도 | 유인 | 당혹 | 곤혹 | 신 | | 미아 |

짧은 이야기, 문단

여러분도 위 그림과 같은 경험을 해 보았나요? 국어 문제를 잘 풀려면 글도 잘 읽어야 하지만, 문단과 같은 낱말의 뜻도 잘 알아야 해요. 문단은 '글월 문(文)'과 '구분 단(段)'이 합쳐진 낱말로, 긴 글에서 내용에 따라 묶을 수 있는 짧은 이야기 토막을 말해요. 비슷한 말로 단락이 있어요.

문단, 단락과 같이 국어 문제에 자주 나오는 낱말을 익혀 보아요.

구절구절 의미를 생각하면서 풀면 쉬워!

자, 다음 글을 잘 읽어 보세요.

> 주변 텃밭에서 볼 수 있는 식물들을 나열해 볼까요? 채소나 과일, 길가의 나무, 들에 핀 꽃 등 종류도 여러 가지예요. - 1문단
> 식물은 종류에 따라 크기와 색깔, 생김새, 향 등이 다르지만 자라는 과정은 비슷해요. 씨에서 싹이 트고 자라서 꽃을 피우고 열매를 맺어요. 이 과정을 '식물의 한살이'라고 해요. - 2문단

위와 같이 주어진 글을 지문이라고 해요. 그럼 윗글의 소재는 무엇일까요? 바로 '식물의 한살이'예요. 소재는 글의 바탕이 되는 재료

文	段
글월 문	구분 단

긴 글에서 내용에 따라 묶을 수 있는 짧은 이야기 토막

- **단락**(段 落떨어질 락)
  하나하나의 짧은 이야기
- **지문**(地바탕 지 文)
  주어진 글
- **소재**(素바탕 소 材재료 재)
  글의 바탕이 되는 재료
- **구절**(句글귀 구 節마디 절)
  글이나 말의 한 토막
- **의미**(意뜻 의 味맛 미)
  말이나 글의 뜻
- **나열**(羅늘어설 나 列벌일 열)
  죽 벌여 놓는 것

를 말해요.

혹시 나열된 구절 중에서 의미 있는 구절이 있었나요?

구절은 글이나 말의 한 토막, 의미는 말이나 글의 뜻을 말해요.

나열은 죽 벌여 놓는다는 뜻이에요.

'글에 적합한 제목을 써 보시오.'라는 문제가 나왔다면?

적합은 꼭 알맞은 걸 말해요. 비슷한 말로 적절이 있어요.

'정답은 위 그림을 참고!'라는 글이 있다면?

참고는 도움이 될 만한 글이나 책을 살펴보는 것이지요.

극본이나 소설의 요소를 잘 알면 쉬워!

연극이나 영화를 만들기 위하여 쓴 글을 극본이라고 해요. 각본 또는 대본이라고도 하지요. 극본에는 대사, 배우의 동작, 무대 장치 등이 써 있어요.

국어 문제에서 극본의 한 장면이 지문으로 나오는 경우도 많아요. 장면은 극본이나 소설 등에서 나오는 한 정경, 배경은 이야기의 바탕이 되는 때, 장소 등을 말하지요. 또 인물은 글에 나오는 사람을 뜻해요.

성격은 사람의 성질이나 품성을 말해요. 예를 들면, 추리 소설 '셜록 홈스'의 주인공 홈스는 관찰력이 뛰어나고 논리적인 성격을 가지고 있어요. 이것은 형사나 경찰이 가져야 할 성격이기도 하죠. 이렇게 극본이나 소설이 갖는 요소에 관련된 낱말의 뜻을 잘 알면 문제도 더 잘 풀 수 있겠죠?

> 저 흔적은 범인의 코딱지?

> 셜록, 자네의 **성격**은 정말 꼼꼼하군그래.

- **적합**(適맞을 적 合합할 합)
  꼭 알맞음
- **적절**(適 切적절할 절)
  딱 알맞음
- **참고**(參간여할 참 考살필 고)
  살펴서 도움이 될 만한 재료로 삼음
- **극본**(劇연극 극 本책 본)
  연극이나 영화를 만들기 위하여 쓴 글=각본, 대본
- **장면**(場마당 장 面장면 면)
  영화, 연극, 문학 작품 따위의 한 정경
- **배경**(背등 배 景경치 경)
  이야기의 바탕이 되는 때, 장소 등
- **인물**(人사람 인 物사람 물)
  글에 나오는 사람
- **성격**(性성품 성 格인품 격)
  사람의 성질이나 품성

| 단락 | 지문 | 구절 | 소재 | 의미 | 참고 |
| 각본 | 대본 | 극본 | 배경 | 인물 | 성격 |

1 공통으로 들어갈 낱말을 쓰세요.

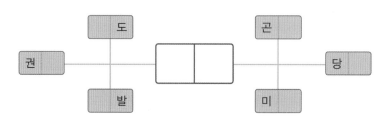

유혹
미혹
유발
유도
유인
권유
유치
혹하다
혹세무민
곤혹
당혹
불혹
미로
미신
미아
혼미

2 주어진 낱말을 넣어 문장을 완성하세요.

1) 　권　유　치　
주민들에게 도움이 되는 사업을 ☐☐하자고 구청장에게 ☐☐했다.

2) 　미　유　혹　
불량 만화의 ☐☐에 빠져 아이들이 ☐☐되지 않도록 어른들이 주의를 기울여야 해요.

3) 　미　로　아　
길이 저렇게 갈피를 잡을 수 없는 ☐☐니까 ☐☐가 발생하지.

3 문장에 어울리는 낱말을 골라 ○표 하세요.

1) 질서를 지키지 않은 차량 때문에 교통 혼잡이 (유발 / 유도) 되는 거야.

2) 예상치 못한 친구의 질문을 받고 (불혹 / 당혹)스러웠다.

3) 학생들이 공부에 전념할 수 있는 분위기로 (유도 / 유혹)해 주세요.

4) 공자는 마흔 살의 나이를 유혹에 흔들리지 않는다고 해서 (불혹 / 곤혹)이 라고 말했어.

5) 사람들이 몰리는 놀이공원에서는 어린아이들이 (미아 / 미신)가 되기 쉬우 니 조심해야 해 .

문 단

1 설명을 보고, 알맞은 낱말을 쓰세요.

길 글에서 내용에 따라 묶을 수 있는 짧은 이야기
토막을 뜻하는 말. 비슷한 말로 단락이 있다. → ☐ ☐

2 다음 설명에 해당하는 낱말을 [보기]에서 찾아 쓰세요.

> **보기**　　　　　소재　구절　의미　지문

1) 국어 문제에서 주어진 글을 ☐ ☐ 이라고 하고,

글의 바탕이 되는 재료를 ☐ ☐ 라고 해.

2) ☐ ☐ 은 글이나 말의 한 토막을 말하고,

☐ ☐ 는 글의 뜻을 말해.

3 글을 읽고, 문장에 어울리는 낱말을 골라 ○표 하세요.

> 줄리엣 : (발코니 밖으로 얼굴을 내밀며 슬픈 표정으로) 그대의 이름만
> 　　　　이 내 원수예요. 몬테규가 아니어도, 그대는 그대일 뿐. 손도,
> 　　　　<u>발도, 팔도, 얼굴도 아닌, 몸의 그 어떤 부분도 아닌 것을</u>.
> 로미오 : (긴장한 얼굴로 발코니 뒤에서 숨죽여 듣는다.)
> 줄리엣 : 오, 제발 다른 이름이 되어 주세요! 이름이란 무엇일까? 장미는
> 　　　　다른 이름으로 불려도 달콤한 향기에는 변화가 없을 것을….

1) 위의 밑줄 친 표현처럼 죽 벌여 놓은 것을 (의미 / 나열)이라고 해.

2) 윗글은 연극이나 영화를 만들기 위하여 쓴 글로 (극본 / 문단)이라고 해.

3) 줄리엣이나 로미오는 글에 나오는 (배경 / 인물)이야.

4) 윗글에 나오는 발코니는 이야기의 바탕이 되는 장소로 (성격 / 배경)이라고 해.

문단
단락
지문
소재
구절
의미
나열
적합
적절
참고
극본
각본
대본
장면
배경
인물
성격

반성하는, 성찰적 자세

성찰적

뭐 하니?

놀기만 한 지난날을 반성하고 있어요. 국어 시험에서 빵점을 받았거든요.

노력은 결코 배신하지 않는다!

참 성찰적이네!

두 글자로 이루어진 낱말에 '-적'을 붙이면 '그런 성격을 띠는', '그 상태로 된'의 뜻이 된다는 것은 벌써 배웠지요? 위 그림의 성찰적은 지나간 일을 되돌아보며 반성하고 살핀다는 뜻의 '성찰(省察)'에 '적(的)' 자가 붙어서 '성찰하는 것'을 뜻해요. 어때요? 한자어의 뜻을 잘 생각하면서 풀이하니 의외로 쉽지요?

그럼 '-적'이 붙은 한자어를 더 알아봐요.

논리적으로 판단하기!

우리 주변에 일어나는 일이나 사건에 대해서 글을 쓸 때 누구나 어떤 태도를 가지게 돼요. 이런 태도와 관련한 낱말을 살펴볼까요?

객관적은 제3자들의 입장에서 어떤 일이나 사람을 있는 그대로 보는 것이에요.

주관□은 자기 나름대로 생각하는 것,

설명□은 어떤 일이나 내용을 다른 사람이 잘 알 수 있도록 밝혀 말하는 것,

논리□은 이치에 맞게 잘 따져 생각하는 것,

비판□은 일의 옳고 그름을 판단하여 잘못된 점을 지적하는 것을

省 살필 성　察 살필 찰　的 ~하는 적

지나간 일을 되돌아보며
반성하고 살피는 것

■ **객관적**(客손 객 觀볼 관 的)
제3자의 입장에서 어떤 일이나 사람을 있는 그대로 보는 것

■ **주관적**(主주인 주 觀的)
자기 나름대로 생각하는 것

■ **설명적**
(說말씀 설 明밝을 명 的)
어떤 일이나 내용을 다른 사람이 잘 알 수 있도록 밝혀 말하는 것

■ **논리적**
(論따질 논 理다스릴 리 的)
이치에 맞게 잘 따져 생각하는 것

■ **비판적**
(批비평할 비 判판가름할 판 的)
잘못된 점을 지적하는 것

말해요.

비판적인 태도는 좋지만 너무 과하면 상대방의 반발을 부를 수도 있으니 조심하세요.

또 격정 □은 물결이 바위에 부딪치는 것처럼 감정이 격렬하게 일어나는 것, 단정 □은 단호하게 딱 잘라 판단하고 결정하는 것을 뜻해요.

뜻만 알아도 답이 척척

다음 낱말은 소설을 비롯한 여러 문학 작품의 내용을 말할 때 자주 나와요.

인상적은 인상이 강하게 남아서 뚜렷이 기억에 남는 것을 말해요. 다음 빈칸에 적(的)을 넣어 낱말을 완성해 봐요.

암시 □은 어두운 곳에서 어렴풋이 보이듯 넌지시 보여 주는 것,

함축 □은 말이나 글이 어떤 뜻을 속에 담고 있는 것,

내재 □은 어떤 현상이 안에 존재하는 것을 뜻해요. '내재적 특성, 내재적 성격' 등의 표현을 종종 볼 수 있어요.

결정 □은 어떤 일이나 사건의 결과를 결정지을 만큼 중요한 것이에요. 추리 소설을 보면 탐정이 결정적 단서를 찾아 범인을 찾는 이야기가 많지요.

대조 □은 서로 다르게 반대인 것이에요.

이제 어려운 낱말이 나와도 문제없겠지요?

격정적

(激물결 부딪칠 격 情뜻 정 的)
감정이 격렬하게 일어나는 것

단정적

(斷끊을 단 定정할 정 的)
딱 잘라 판단하고 결정함

인상적

(印찍을 인 象모양 상 的)
인상이 강하게 남는 것

암시적

(暗어두울 암 示보일 시 的)
넌지시 보여 주는 것

함축적

(蓄머금을 함 蓄쌓을 축 的)
어떤 뜻을 속에 담고 있는 것

내재적(內안 내 在있을 재 的)
어떤 현상이 안에 존재하는 것

결정적(決결정할 결 定的)
어떤 일이나 사건의 결과를 결정지을 만큼 중요한 것

대조적

(對마주할 대 照비출 조 的)
서로 다르게 반대인 것

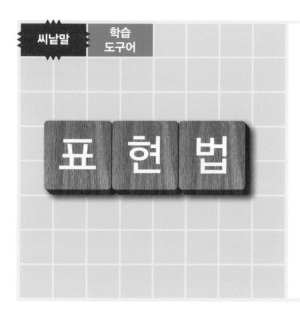

문장을 아름답게 해 주는 표현법

표 현 법

저 **표현법**은 과장이 심한걸

동생이 일기에 '우리 형은 화가 나면 고릴라로 변신해요.'라고 써 두었네요. 표현법이 보통이 아니죠? 표현법은 생동감이 느껴지는 효과적인 표현을 위하여 문장을 꾸미는 방법을 말해요. 생동감은 생기 있게 살아 움직이는 듯한 느낌을 말하고요.

그럼 국어 교과서에 자주 나오는 낱말을 더 살펴보도록 해요.

뜻만 알면 쉽게 이해되는 단어

'다른 사람을 이롭게 하는 말은 따뜻하기가 솜과 같다.'

이 말의 출처는 공자의 〈논어〉예요. 출처는 말이나 글이 나오게 된 곳을 말해요. 즉 〈논어〉라는 매체에서 나온 내용이라는 것이죠.

매체(媒體)는 무엇을 전달하는 수단이 되는 것을 뜻해요. 책이나 라디오, 텔레비전 등은 모두 매체예요.

위 〈논어〉의 글은 직유법을 써서 말의 중요성을 표현하고 있어요.

직유법은 직접 두 가지 사물을 비교하는 방법으로, 문장에 '~같이', '~처럼'이 들어가요.

이렇게 다른 것에 빗대어 느낌이나 상황을 표현하는 것을 비유법이라고 해요. 비유법에는 직유법 말고도 여러 가지가 있어요.

表겉 표 **現**나타날 현 **法**법 법

생동감이 느껴지는 효과적인 표현을 위하여 문장을 꾸미는 방법

- **생동감**
  (生날 생 動움직일 동 感느낄 감)
  생기 있게 살아 움직이는 듯한 느낌
- **출처**(出날 출 處곳 처)
  말이나 글이 나오게 된 곳
- **매체**(媒중매 매 體몸 체)
  무엇을 전달하는 수단이 되는 것
- **직유법**
  (直바로 직 喩깨우칠 유 法)
  직접 두 가지 사물을 비유하는 방법
- **비유법**(比견줄 비 喩法)
  다른 것에 빗대어 느낌이나 상황을 표현하는 것

공자님 말씀은 직유법을 사용해서 간결하면서도 깊은 속뜻을 전해 주네요. 간결은 간단하고 깔끔하다는 뜻이에요.

'네 목소리는 꾀꼬리야.'

이 말은 목소리가 꾀꼬리처럼 아름답다는 뜻이겠죠? 이렇게 '목소리'와 '꾀꼬리' 같은 두 대상을 직접 비교하지 않고 "이것은 저것이야."라고 표현하는 것을 은유법이라고 해요. 이때 목소리는 원관념, 꾀꼬리는 보조 관념이에요.

원관념은 원래 표현하고자 하는 내용,

보조 관념은 원관념이 잘 드러나도록 도와주는 것이에요.

하나하나 뜻을 음미

그럼 뜻만 알면 쉽게 이해되는 단어를 조금 더 알아볼까요?

공부를 하다 보면 도식화라는 말을 가끔 볼 수 있죠?

도식화는 어떤 내용을 쉽게 알아볼 수 있게 그림으로 나타낸 것을 말해요.

문장과 문장을 연결해 주는 말은 연결어,

글에서 자기 자신을 뜻하는 말은 자아,

여러 가지 예를 죽 늘어놓는 것은

열거 또는 나열,

글의 속뜻을 곰곰이 생각하는 것은 음미라고 해요.

글을 읽을 때는 구절 하나하나를 음미해 보면 훨씬 좋겠지요?

| **간결**(簡간단할 간 潔깨끗할 결) |
| 간단하고 깔끔함 |
| **은유법**(隱숨을 은 喻 法) |
| 두 대상을 직접 비교하지 않고 암시적으로 비유하는 것 |
| **원관념** |
| (元근본 원 觀볼 관 念생각 념) |
| 비유법에서 나타내고자 하는 실제 내용 |
| **보조 관념** |
| (補도울 보 助도울 조 觀念) |
| 원관념의 뜻이 잘 드러나도록 도와주는 관념 |
| **도식화** |
| (圖그림 도 式법 식 化될 화) |
| 어떤 내용을 간단한 그림이나 양식으로 만드는 것 |
| **연결어**(連잇닿을 연 結맺을 결 語말씀 어) |
| 문장과 문장을 이어 주는 구실을 하는 말 |
| **자아**(自 스스로 자 我나 아) |
| 글에서 자기 자신을 뜻하는 말 |
| **열거**(列벌일 열 擧들 거) |
| 여러 가지 예를 죽 늘어놓는 것 = 나열 |
| **음미**(吟읊을 음 味맛 미) |
| 말이나 글의 속뜻을 살피면서 봄 |

비유법　매체　출처　간결　도식화　자아

직유법　은유법　보조관념　원관념　음미

1 [보기]와 같이 '그 성격을 띠는'의 뜻이 되도록 만드는 공통된 낱말을 쓰세요.

1)

2)

	성찰적
	객관적
	주관적
	설명적
	논리적
	비판적
	격정적
	단정적
	인상적
	암시적
	함축적
	내재적
	결정적
	대조적

2 주어진 낱말을 넣어 문장을 완성하세요.

1) 인 상
  상
  적

그 사람은 얼굴 ☐☐이 아주 좋아.

그 사람의 바른 태도가 참 ☐☐☐이야.

2) 결 정
  정
  적

난 학원을 다니지 않기로 ☐☐했어.

난 ☐☐☐으로 공부하는 게 정말 싫거든.

3 문장에 어울리는 낱말을 골라 ○표 하세요.

1) 너 자신에 대해 제3자의 입장에서 (객관적 / 주관적)으로 생각해 봐.

2) 사람의 첫인상만 보고 그 사람에 대해 (단정적 / 암시적)으로 말하는 건 좋지 않아.

4 밑줄 그은 낱말에서 '적'의 쓰임이 <u>다른</u> 것을 고르세요. (   )

① 지난 일을 되돌아보면서 <u>성찰적</u>인 태도를 갖는 것이 좋아.

② 준하는 의견을 말할 때 <u>논리적</u>으로 말해.

③ 범인이 <u>결정적</u>인 단서를 흘렸지 뭐야!

④ 일순간 회의장에 <u>정적</u>이 흘렀어.

⑤ 너희는 형제인데, 어쩜 그렇게 성격이 <u>대조적</u>이니?

1 [보기]의 낱말과 관련이 있고, 글에서 생동감이 느껴지는 효과적인 표현을 위해 문장을 꾸미는 기법을 뜻하는 낱말을 쓰세요.

[보기] 직 유 법 비 유 법   은 유 법   → [ ][ ][ ]

2 [보기]를 보고, 다음 설명에 해당하는 낱말을 쓰세요.

[보기] 매체 원관념 보조 관념 출처

1) 말이나 글이 나오게 된 곳을 [ ][ ]라고 하고, 책이나 라디오, 텔레비전 등 전달하는 수단이 되는 것을 [ ][ ]라고 해.

2) 비유법에서 나타내고자 하는 실제 내용을 [ ][ ][ ]이라고 하고, 그 뜻이 잘 드러나도록 도와주는 관념을 [ ][ ][ ][ ]이라고 해.

3 문장에 어울리는 낱말을 골라 ○표 하세요.

1) 다른 사람의 글을 인용해서 쓸 때는 (출처 / 매체)를 꼭 밝혀야 해요.

2) '내 마음은 호수요'라는 표현에서 '내 마음'은 (원관념 / 보조 관념)이고, '호수'는 (원관념 / 보조 관념)이야.

3) 언제나 '나' 자신, 그러니까 (자아 / 표현법)을(를) 살펴보는 태도를 갖도록 합시다.

4) 사람의 마음을 간단한 그림이나 양식으로 (도식화 / 음미)할 수 있다면 얼마나 좋겠니?

표현법
생동감
출처
매체
직유법
비유법
간결
은유법
원관념
보조 관념
도식화
연결어
자아
열거
나열
음미

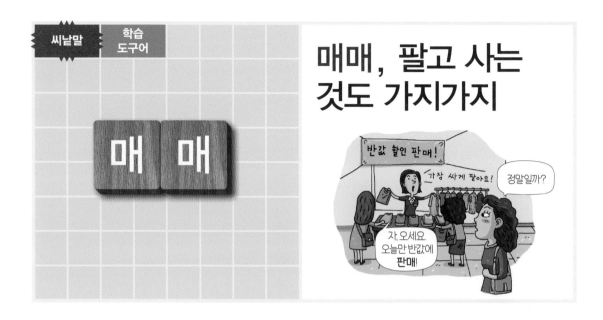

매매, 팔고 사는 것도 가지가지

매 매

반값 할인 판매!

가장 싸게 팔아요!

정말일까?

자, 오세요. 오늘만 반값에 판매!

물건을 팔고 사는 걸 매매라고 해요. '팔 매(賣)'와 '살 매(買)'가 합쳐진 낱말이지요. 물건을 파는 일은 '팔 판(販)'과 '팔 매(賣)'를 써서 판매라고 해요. 위 그림에서 보이는 '반값 할인 판매'는 평소보다 물건을 절반값에 판다는 뜻이에요.

그럼 팔고 사는 것과 관련된 여러 낱말을 살펴보도록 할게요.

이것저것 팔 땐 팔 매(賣)

장사를 하려면 팔 물건과 팔 장소가 필요해요. 팔 물건은 매물, 물건을 팔 수 있는 장소는 매장이라고 하지요.

빈칸을 채우면서 '팔 매(賣)'가 들어가는 낱말을 더 알아봐요!

어떤 기관이나 단체 안에서 물건을 파는 작은 상점은 ☐점,

차표나 입장권 등의 표를 파는 곳은 ☐표소라고 하지요.

물건을 소비자에게 하나씩 파는 것은 소☐,

소매를 하는 상인은 소☐상이라고 해요.

소매상들에게 물건을 대량으로 파는 일은 도매,

도매를 하는 상인은 도☐상이고요.

물건을 사려는 사람이 여럿일 때 값을 가장 높이 부르는 사람에게

賣 팔 매 | 買 살 매

물건을 팔고 사는 일

■ **판매**(販팔 판 賣)
물건을 파는 일

■ **매물**(賣 物물건 물)
팔 물건

■ **매장**(賣 場장소 장)
물건을 파는 장소

■ **매점**(賣 店가게 점)
물건을 파는 작은 상점

■ **매표소**
(賣 票표 표 所곳 소)
표를 파는 곳

■ **소매**(小작을 소 賣)
물건을 소비자에게 하나씩 팖

■ **소매상**(小 賣 商장사 상)
소매를 하는 상인

■ **도매**(都모일 도 賣)
물건을 대량으로 파는 것

파는 일은 경☐예요.

물건이 남김없이 다 팔린 것은 ☐진,

물건을 내다 파는 일은 ☐출이에요.

그런데 파는 일 중에 해서는 안 될, 아주 나쁜 일도 있어요. 바로 자기 나라를 남의 나라에 팔아먹는 일이죠!

이런 일을 한 사람을 ☐국노라고 해요.

사는 것도 여러 가지! 살 매(買)

물건을 사들이는 건 구매라고 해요.

땅이나 건물처럼 규모가 큰 것을 사들이는 건 매입이라고 하지요.

좋지 않은 뜻으로 쓰인 낱말도 있어요.

돈이나 비싼 물건 따위로 남을 꾀어 마음을 사는 매수,

물건값이 오를 것을 예상하고 큰

이득을 얻기 위하여 물건을 몰아서 사들이는 매점이에요. 매점은 '차지할 점(占)'을 써서 물건을 모두 차지한다는 뜻이에요. 매점매석도 매점과 같은 뜻이에요.

뉴스에서 불매 운동이라는 말을 들어본 적 있죠? 불매 운동은 어떤 특정한 물건을 사지 않기로 하는 거예요. 불량 식품이나 유해 상품 등을 판 회사를 상대로 소비자로서의 권리를 행사하는 것이죠. 그러니까 물건을 파는 일두, 사는 일도 현명하게 해야겠죠?

> 곧 곡식값이 오를 거야 그러니 곡식을 잔뜩 사 두었다가 비싸게 팔아야지!

매점매석 단속 기간인 걸 모르는군.

- **도매상(都 賣 商)**
  도매를 하는 상인

- **경매(競**다툴 경 **賣)**
  물건을 사려는 사람이 여럿일 때 값을 가장 높이 부르는 사람에게 파는 일

- **매진(賣 盡**다될 진**)**
  남김없이 다 팔림

- **매출(賣 出**날 출**)**
  물건을 내다 파는 일

- **매국노(賣 國**나라 국 **奴**놈 노**)**
  자기 나라를 남의 나라에 팔아먹은 사람

- **구매(購**살 구 **買)**
  물건을 사들임

- **매입(買 入**들 입**)**
  땅이나 건물 따위를 사들임

- **매수(買 收**거둘 수**)**
  돈이나 비싼 물건 따위로 남을 꾀어 마음을 사는 일

- **매점(買 占**차지할 점**)**
  물건값이 오를 것을 예상하고 큰 이득을 얻기 위하여 물건을 몰아서 사들임 = 매점매석

- **불매 운동(不**아닐 불 **買 運**옮길 운 **動**움직일 동**)**
  어떤 특정한 상품을 사지 아니하는 일

| 매 | 물 | | 도 | | 경 | 매 | | 구 | 매 | | 매 | 점 | | 매 | 국 | 노 |
| 장 | | | 소 | 매 | | 진 | | | 수 | | | 석 | | | 입 | |

집안의 일을 승계하는 후계자

관이네 집은 대대로 도자기를 만드는 일을 하고 있어요. 관이는 집안의 일을 물려받아 가업을 승계할 생각이 있을까요?

승계란 뒤를 이어서 받는 것이에요. 계속은 끊이지 않고 이어 나가는 것이고요. '이을 승(承)'과 '이을 계(繼)'가 쓰여진 승계, '이을 계(繼)'와 '이을 속(續)'이 쓰여진 계속은 모두 잇는다는 뜻이에요.

잇는다는 뜻의 한자가 들어간 낱말들을 더 알아봐요.

잇는다는 뜻의 이을 승(承), 이을 계(繼)

'이을 승(承)' 자가 들어간 낱말에는 뭐가 있을까요?

조상의 전통, 문화유산 등을 물려받아 이어 나가는 것은 계승,

문화, 풍속, 제도 등을 전해 받아 계승하는 것은 전승이라고 해요.

계승, 전승이란 낱말은 일반적으로 문화, 전통과 관련되어 많이 쓰여요.

이제 '이을 계(繼)' 자가 들어간 낱말을 살펴봐요.

중간에서 이어 주는 것은 중▢,

방송국이 중간에서 연결하여 방송하는 것은 중▢방송이에요.

어떤 일이나 사람의 뒤를 잇는 것은 후▢,

承 이을 승 **繼** 이을 계

뒤를 이어서 받는 것

■ **계속**(繼 續이을 속)
끊이지 않고 이어 나가는 것

■ **계승**(繼承)
조상의 전통, 문화유산 등을 물려받아 이어 나가는 것

■ **전승**(傳전할 전 承)
문화, 풍속, 제도 등을 전해 받아 계승하는 것

■ **중계**(中 가운데 중 繼)
중간에서 이어 주는 것

■ **중계방송**
(中繼 放놓을 방 送보낼 송)
방송국이 중간에서 연결하여 방송하는 것

■ **후계**(後뒤 후 繼)
어떤 일이나 사람의 뒤를 잇는 것

뒤를 잇는 사람은 후☐자라고 해요.

바통을 주고받으며 이어서 달리는 경기는 ☐주예요. 이어달리기
와 같은 뜻이지요.

아버지가 재혼해서 생긴 어머니로, 원래 어머니를 잇는 다른 어머
니를 ☐모라고 해요. ☐부는 어머니가 재혼해 생긴 아버지예요.

이어지는 것들은 이을 속(續)

오늘 본 영화는 진짜 재미있었
어요. 그래서인지 연속 매진이
네요. 속편은 언제 나올까요?

연속은 끊이지 않고 죽 이어지
는 것, 속편은 이미 나온 책이
나 영화 등의 뒷이야기로 만들
어진 것이에요.

이번 세계 야구 대회에서 새로운 기록이 **속출**하고 있습니다.
비가 와서 경기가 잠시 중단
되었지만 바로 **속행**되었습니다.

이번 세계 야구 대회에서 새로운 기록이 속출하고 있어요. 비가 와
서 경기가 잠시 중단되었지만 비가 그치자 속행되었어요.

속출은 잇따라 나오는 것, 속행은 계속하여 행하는 것이에요.

최근 유럽의 대형 제약 기업 후계자가 할머니로부터 상속받은 재산
을 기부해 화제가 되었어요.

상속은 친족 관계에 있는 사람이 재산에 대한 권리나 의무를 이어받
는 것이에요.

다른 나라에 들어갈 때에는 입국 수속을 밟아야 해요. 수속은 어떤
일을 할 때 거쳐야 할 과정이나 단계예요.

■ **후계자**(後繼 者사람 자)
뒤를 잇는 사람

■ **계주**(繼 走달릴 주)
바통을 주고받으며 이어서 달
리는 경기

■ **계모**(繼 母어머니 모)
아버지가 재혼해서 생긴 어머니

■ **계부**(繼 父아버지 부)
어머니가 재혼해서 생긴 아버지

■ **연속**(連연결할 연 續)
끊이지 않고 죽 이어지는 것

■ **속편**(續 篇책 편)
이미 나온 책이나 영화 등의 뒷
이야기로 만들어진 것

■ **속출**(續 出날 출)
잇따라 나오는 것

■ **속행**(續 行행할 행)
계속하여 행하는 것

■ **상속**(相서로 상 續)
친족 관계에 있는 사람이 재산에
대한 권리나 의무를 이어받는 것

■ **수속**(手손 수 續)
어떤 일을 할 때 거쳐야 할 과정
이나 단계

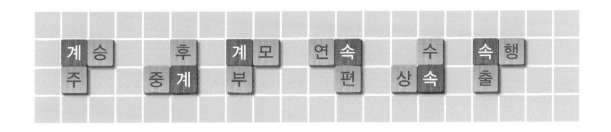

1 공통으로 들어갈 낱말을 쓰세요.

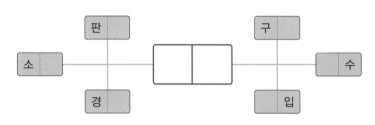

매매	
판매	
매물	
매장	
매점	
매표소	
소매	
소매상	
도매	
도매상	
경매	
매진	
매출	
매국노	
구매	
매입	
매수	
매점	
매점매석	
불매 운동	

2 주어진 낱말을 넣어 문장을 완성하세요.

1) 판 / 매 진

피자 가게에서 할인 ☐☐ 하던 피자가 불티나게
팔려서 모두 ☐☐ 되었다.

2) 도 / 소 매

물건을 소비자에게 하나씩 파는 것은 ☐☐ ,
물건을 여러 개 한꺼번에 파는 것은 ☐☐ 예요.

3) 매 출 / 입

물건을 내다 파는 것은 ☐☐ 이고,
땅이나 건물 따위를 사들이는 것은 ☐☐ 이에요.

4) 매 물 / 장

☐☐ 만 있으면 뭐 해, 물건을 팔 수 있는 ☐☐ 이
있어야지.

3 문장에 어울리는 낱말을 골라 ○표 하세요.

1) 다른 건 다 팔아도 나라를 파는 (매국노 / 매수)는 되지 마라.

2) 유명한 화가의 그림이 어마어마한 가격에 (도매 / 경매)되었다.

3) 이 제품이 좋다는 입소문에 힘입어 전량 (매진 / 매출)되었습니다.

4) 환경을 해치는 제품은 소비자들이 (매입 / 불매 운동)을 해야 합니다.

5) 회사의 (매출 / 매점)이 많이 늘어나면 직원들 월급도 늘어나지 않을까?

1 공통으로 들어갈 낱말을 쓰세요.

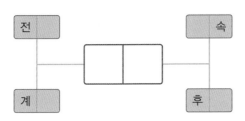

승계
계속
계승
전승
중계
중계방송
후계
후계자
계주
계모
계부
연속
속편
속출
속행
상속
수속

2 주어진 낱말을 넣어 문장을 완성하세요.

1) 　승　
　계　속

뒤를 이어서 받는 것은 ☐☐,

끊이지 않고 이어 나가는 것은 ☐☐이다.

2) 　　계
　전　승

문화, 풍속, 제도 등을 전해 받아 계승하는 것은 ☐☐,

조상의 전통, 문화유산 등을 물려받아 이어 나가는 것은

☐☐이다.

3) 　중　
　후　계

어떤 일이나 사람의 뒤를 잇는 것은 ☐☐,

중간에서 이어 주는 것은 ☐☐이다.

3 문장에 어울리는 낱말을 골라 ○표 하세요.

1) 이번 운동회에서 (계주 / 계모) 선수로 뛰어 볼 사람은 손을 드세요.

2) 비가 그치자 중단되었던 경기가 (속출 / 속행)되었어요.

3) 그는 아버지에게 (상속 / 수속)받은 재산을 기부하였어요.

4 다음 중 '잇는다'는 뜻이 들어 있지 <u>않은</u> 낱말을 고르세요. (　)

① 상속　　　　② 속행　　　　③ 연속

④ 속보　　　　⑤ 속출

				1)					7)
				2)					
	3)								
				4)		5)			
						6)			
			11)						
					12)		13)		
8)							14)		
9)	10)								

정답 | 142쪽

🔍 가로 열쇠

2) 적도에 가까운 위도. 고위도 ↔ ○○○

3) 어떤 한 시대의 사람들의 생각을 지배하고 있는 틀

4) 금속으로 만든 활자. 세계 최초의 ○○ ○○

6) 단어와 단어, 구절과 구절, 문장과 문장을 이어 주는 말

9) 일을 빨리해서 빨리 끝내는 것을 뜻하는 사자성어

11) 비슷한 성질이나 모양을 가진 두 사물을 '~같이', '~처럼' 등으로 직접 비유하여 표현하는 법

12) 소매상에게 물건을 대량으로 파는 사람

14) 잇따라 나오는 것. "격렬한 경기에 부상을 당하는 선수들이 ○○하고 있습니다."

🔍 세로 열쇠

1) 인간다운 생활을 하기 위해 필요한 최소한의 임금

3) 참이라고도, 거짓이라고도 말할 수 없이 앞뒤가 서로 맞지 않는 문장이나 관계

5) 당연히 그렇게 됨. "○○적"은 당연히 그렇게 되는 것

7) 어떤 일에 대한 구상, 새로운 생각 등을 뜻하는 외래어

8) 어떤 상태가 오래 계속되는 것

10) 문화, 풍속, 제도 등을 전해 받아 계승하는 것

11) 전기 회로에서 전지 등을 일렬로 연결하는 것

12) 어떤 내용을 알아보기 쉽도록 간단한 그림이나 도표 등의 양식으로 만드는 것

13) 상속을 받는 사람

2장

눈을 굴려 만든 눈사람

轉
구를 전

눈사람 머리가 너무 큰 거 아니야?

이거 아빠야. 아빠 머리 크잖아.

눈을 굴리면 눈덩이가 점점 불어나서 눈사람을 만들 수 있지요. 구르는 것은 전(轉)이에요. 한자 轉 자를 잘 살펴보세요. 앞에 수레 거(車) 자가 붙어 있지요? 그래서 수레바퀴 같이 둥근 것이 구른다는 뜻을 가져요.

운전(運轉)을 하면 자동차 바퀴가 굴러가지요. 바퀴가 달린 것을 굴러가도록 하는 게 운전이에요. 자전거도 운전할 수 있을까요? 그럼요! 자전거(自轉車)도 바퀴가 두 개나 있는 걸요.

앗! 놓쳤다.

기다려 봐. 조금 있으면 돌아서 제자리로 온다니까.

초밥 접시가 올려져 있는 레일처럼 축을 중심으로 빙빙 돌아서 구르는 것은 뭘까요? ( )

① 회전　　② 생선　　③ 접시

네. ①번 회전(回轉)이에요. 공중에서 회전하는 것은 공중 회전, 급작스럽게 회전하는 것은 급회전이에요.

행성이 일정한 주기로 태양 둘레를 도는 일은 공전(公轉)이라고 해요. 지구를 비롯해 태양계의 별들은 모두 공전하지요.

轉　구를 전

■ **운전**(運움직일 운 轉)
바퀴가 달린 것을 구르게 함

■ **자전거**
(自스스로 자 轉 車수레 거)
사람이 바퀴를 스스로 돌려 움직이는 탈 것

■ **회전**(回돌아올 회 轉)
축을 중심으로 돌면서 구르는 것

■ **공중 회전**
(空하늘 공 中가운데 중 回轉)
공중에서 회전하는 것

■ **급회전**(急급할 급 回轉)
급하게 회전함

■ **공전**(公공평할 공 轉)
행성이 일정한 주기를 가지고 태양 둘레를 도는 일

구르면 이쪽에서 저쪽으로 옮겨가지요? 그래서 전(轉)에는 옮긴다는 뜻도 있어요.

오늘 우리 반에 □□ 온 학생이에요. 누구랑 짝할까?

얘들아, 안녕!

빈칸에 들어갈 말은 뭘까요? (　　)

① 전입　　② 전학　　③전출

맞아요, ②번 전학이지요. 전학(轉學)은 다른 학교로 옮겨 가서 배우는 거예요. 전입(轉入)은 다른 곳에서 옮겨 오는 것이고, 전출(轉出)은 '전입'과 반대말로 다른 곳으로 옮겨 가는 거예요.

그럼 선생님이 다른 학교로 옮겨 가시는 건 뭐라고 할까요? 그럴 땐 전근(轉勤)이라고 해요. 전근은 근무지를 옮기는 거예요. 전근을 가면 전임자가 하던 업무를 물려받아 해야겠죠? 전임(轉任)은 여태 하던 임무를 옮기는 거예요.

빈칸을 채워 볼까요?

호적 같은 문서를 다른 곳으로 옮기는 것은 □적,
소속이나 거처, 또는 소유권을 옮기는 것은 이□.

아래 오른쪽 그림에서 밑줄 친 부분의 뜻은 무엇일까요? (　　)

① 전쟁 중에 고생함
② 떠돌아다니며 구걸함

정답은 ②번이에요. 전전(轉轉)은 이리 저리 굴러다니듯 옮겨 다니는 것을 말하고, 전전걸식(轉轉乞食)은 여기저기 떠돌아다니며 밥을 빌어먹는 걸 뜻해요. 가난한 떠돌이 신세라는 말이죠.

한양 간 서방님은 어찌 지내실까? **전전걸식**하고 있지는 않은지….

제가 전하고 올 테니 걱정 마세유.

轉　**옮길 전**

- **전학**(轉 學배울 학)
  다른 학교로 옮겨서 배움
- **전입**(轉 入들 입)
  다른 곳에서 옮겨와 새로 들어옴
- **전출**(轉 出나갈 출)
  다른 곳으로 옮겨 감
- **전근**(轉 勤근무할 근)
  근무지를 옮김
- **전임**(轉 任임할 임)
  임무를 옮김
- **전적**(轉 籍문서 적)
  문서를 옮김
- **이전**(移옮길 이 轉)
  소속 등을 옮김
- **전전걸식**
  (轉轉 乞빌 걸 食먹을 식)
  여기저기 떠돌아다니며 밥을 얻어먹음

너 진짜 하루 종일 게임만 할래?

스트레스가 심해서 기분 □□ 좀 하는 거예요.

빈칸에 들어갈 알맞은 말은 무엇일까요? (   )

① 환타   ② 전화   ③ 전환

轉	바꿀 전

■ **전환**(轉 換바꿀 환)
사물의 상태, 성질, 기분 등이 다른 방향으로 바뀜

■ **전기**(轉 機기회 기)
전환점이 되는 기회나 시기

■ **호전**(好좋을 호 轉)
일이 좋은 방향으로 바뀜

■ **반전**(反되돌릴 반 轉)
일이 예상치 못한 방향으로 바뀜

■ **천선지전**
(天하늘 천 旋돌 선 地땅 지 轉)
하늘과 땅이 핑핑 돎 / 세상일이 크게 변함

■ **급전직하**(急급할 급 轉 直바로 직 下떨어질 하)
상황이나 일이 급작스레 전개됨

■ **전향**(轉 向방향 향)
원래 가지고 있던 사상이나 이념을 그와 맞서는 사상과 이념으로 바꿈

정답은 ③번 전환(轉換)이에요. 전환은 방향을 다른 쪽으로 바꾸는 거예요. 기분, 상태, 방향 모두 전환할 수 있어요. 구르면 다른 쪽으로 옮겨질 거고, 옮겨지면 이전과 달라지지요. 그래서 전(轉)은 바꾼다는 뜻으로 쓰여요.

전환할 수 있는 기회나 시기는 전기(轉機)라고 해요. 전기를 잘 활용하면 일이 좋은 쪽으로 바뀌지요. 그건 호전(好轉)이에요. 병에 걸린 사람의 증세가 좋아지면 호전되었다고 해요.

그럼 일이 예상치 못한 방향으로 바뀐 것은 뭘까요?

네, 반전(反轉)이에요. 생각지도 못한 결과가 나타났을 때 반전되었다고 해요.

다음 사자성어의 빈칸을 채우면서 전(轉)의 뜻을 익혀 볼까요?

세상일이 크게 변하는 것은 천선지□,

상황이나 일이 걷잡을 수 없을 만큼 급작스럽게 전개되는 것은 급□직하라고 해요.

'방향 전환'의 줄임말은 무엇일까요? (   )

① 방전   ② 전향   ③ 방환   ④ 향환

맞아요, ②번 전향(轉向)이에요. 전향의 단순한 뜻은 방향 전환이지만 실제로는 비유적인 뜻으로 쓰여요. 공산주의자가 자본주의를 받아들이는 것처럼, 원래 가지고 있던 사상이나 이념을 그와 맞서는 사상이나 이념으로 바꾸는 걸 뜻해요.

■ **전화위복**(轉禍재난화 爲될
위 福복복)
재난이 오히려 복으로 바뀜
■ **심기일전**(心마음심 機계기기
一한일 轉)
이제까지 가졌던 마음가짐을
버리고 완전히 달라짐
■ **기승전결**(起일어날기 承이을
승 轉 結맺을결)
문학 작품을 짜임새 있게 구성
하는 형식

위 그림의 상황처럼 재난이 오히려 복으로 바뀐 것을 전화위복(轉
禍爲福)이라고 해요. 이럴 땐 심기일전(心機一轉)해서 찾아온 복
을 잘 지켜야지요. 심기일전은 이제까지 가졌던 마음가짐을 버리고
완전히 달라지는 것을 뜻해요.

빈칸에 들어갈 말은 뭘까요? (　　)

① 기승전결　　② 재미있다
③ 짜증난다　　④ 그저그래

정답은 ①번이죠. 기승전결(起承轉結)
은 소설이나 논설문 따위를 짜임새 있게 구성하는 형식이에요. '기'
는 시작하는 부분, '승'은 전개하는 부분, '전'은 전환하는 부분, '결'
은 마무리하는 부분이지요.

🔔 **전역**
군대에서 역종이 바뀔 때 전역
(轉 役역종역)한다고 하죠. 현
역에서 예비역으로 바뀌면 군
대를 제대하는 것이지요.

구를 전

운전

자전거

회전

공중 회전

급회전

공전

전학

전입

전출

전근

전임

전적

이전

전전걸식

1 공통으로 들어갈 한자를 따라 쓰세요.

| 심 | 기 | 일 |

| 자 | | 거 |

轉

| | 기 |

| 반 |

| 급 | 회 |

| 기 | 승 | 결 |

구를 **전**

2 어떤 낱말에 대한 설명인지 쓰세요.

1) 바퀴가 달린 것을 구르게 함 ➡ ☐☐

2) 급하게 회전함 ➡ ☐☐☐

3) 근무지를 옮김 ➡ ☐☐

4) 일이 좋은 방향으로 바뀜 ➡ ☐☐

3 알맞은 낱말을 찾아 문장을 완성하세요.

1) 엄마가 두 발 ☐☐☐ 를 사 주셨어. 내 뒤에 타 봐.

2) 서커스의 클라이맥스는 역시 공중에서 ☐☐ 하는 거야.

3) 이사를 했으니 어쩔 수 없이 학교도 ☐☐ 가야겠네.

4) 어제 운전면허를 땄어. 이제 나도 ☐☐ 할 수 있게 됐어.

4 문장에 어울리는 낱말을 골라 ○표 하세요.

1) 지구는 태양 주위를 (자전 / 공전)해.

2) 할아버지가 유산으로 땅을 물려주셔서 소유권을 (전달 / 이전)했어.

3) 오늘 새로운 친구가 부산에서 우리 학교로 (전학 / 전근)을 왔어.

4) 이 영화는 끝까지 봐야 해. 끝나기 5분 전에 (전환 / 반전)이 있거든.

5 설명을 읽고, 알맞은 낱말을 연결하세요.

1) 다른 곳으로 옮겨 감   •   • 전환

2) 다른 곳에서 옮겨 와 새로 들어옴 •   • 전출

3) 전환점이 되는 기회나 시기   •   • 전입

4) 사물의 상태, 성질, 기분 등이 바뀜 •   • 전기

6 아래의 상황과 어울리는 사자성어를 고르세요. (   )

① 전화위복   ② 정말화남   ③ 음식배달   ④ 급식당번

전환

전기

호전

반전

천선지전

급전직하

전향

전화위복

심기일전

기승전결

전역

종이비행기도 기계야?

機 틀 기

위 그림의 조각을 맞추면 무엇을 만들 수 있을까요? 가장 눈에 띄는 것은 무엇인가요? 맞아요, 날개가 보이지요? 커다란 날개 두 개를 활짝 펴면 당장이라도 날아갈 것 같네요.

날아다닐 수 있도록 만든 장치를 비행기(飛行機)라고 해요. 비행기는 하늘을 나는 기계라는 뜻이지요.

기(機)는 틀이나 기계라는 말이에요. 열이나 전기와 같은 동력을 이용해 움직이도록 만든 장치를 말하지요.

떨어지는 거겠지.

파닥파닥

나, 날았다. 히~익!

비행기는 자전거 가게를 운영하던 미국의 라이트 형제가 처음 만들었어요. 최초의 비행기는 겨우 12초 동안 날았다고 해요.

비행기를 포함해 헬리콥터, 기구, 비행선 등은 항공기(航空機)라고 불러요.

사람이나 물건을 실어 나르는 탈것을 통틀어 부르는 말이지요.

機 틀 기

■ 비행기
(飛날 비 行다닐 행 機)
날아다니는 기계

■ 항공기(航날 항 空빌 공 機)
공중을 날아다닐 수 있는 탈 것을 통틀어 부름

🔔 기(機)와 기(器)
'그릇 기(器)'는 도구에 붙는 말이고, '기계 기(機)'는 기계 장치에 붙는 말이에요.
그러니까 '기계 기(機)'는 여러 개의 부품이 어울려 복잡한 기능을 해내는 것들에 붙어요.

항공기를 조종하는 사람 중 최고 책임자는 누구일까요? 기장(機長)
이에요. 기장이 있는 조종실은 비행기 앞머리에 자리하고 있어요.
그래서 이곳을 기수(機首)라고 해요.

그럼 기(機)의 뜻을 생각하면서 다음 빈칸을 채워 볼까요?
여행하는 사람을 태워 나르는 비행기는? 여객 ☐ ,
게임을 즐길 수 있는 기계는? 게임 ☐ .

사람들은 자신의 필요를 충족
시키기 위해 많은 기계를 발명
했어요. 멀리 떨어져 있는 사
람의 목소리를 듣고 싶어서 전
화기(電話機)를 만들었지요.
그럼 좋아하는 사람의 모습을
오랫동안 기억하기 위해 발명
된 것은 무엇일까요? 맞아요,
사진기(寫眞機)예요.

아무 때나 좋아하는 노래를 듣기 위해 축음기(蓄音機)가 발명되기
도 했어요. 축음기를 본 적 있나요? 축음기는 레코드에 녹음한 음
을 재생하는 장치예요.
신호를 보내는 장치는 발신기(發信機),
신호를 받는 장치는 수신기(受信機)예요. 이것을 이용해 텔레비전
이나 라디오 방송, 인터넷 등을 보거나 들을 수 있지요.

주전자의 물이 끓으면 뚜껑이 달그락거
리지요? 그 힘을 이용해 기차를 움직이
도록 만든 것이 증기 기관차예요. 이처
럼 이떤 물체를 작동시키는 여러 가지
장치를 기관(機關)이라고 해요.

기장(機 長우두머리 장)
민간 항공기의 최고 책임자

기수(機 首머리 수)
항공기의 앞부분

여객기
(旅여행할 여 客손님 객 機)
여행하는 사람을 태워 나르는
비행기

게임기(機)
게임을 즐길 수 있는 기계

전화기
(電전기 전 話이야기할 화 機)
떨어져 있는 사람끼리 이야기
할 수 있도록 만든 기계

사진기
(寫베낄 사 眞참 진 機)
사진을 찍는 기계

축음기
(蓄모을 축 音소리 음 機)
레코드에 녹음한 음을 재생하
는 장치

발신기
(發보낼 발 信신호 신 機)
신호를 보내는 장치

수신기(受받을 수 信機)
신호를 받는 장치

기관(機 關기관 관)
물체를 작동시키는 여러 가지
장치

서로 관계있는 것끼리 선을 그어 보세요.

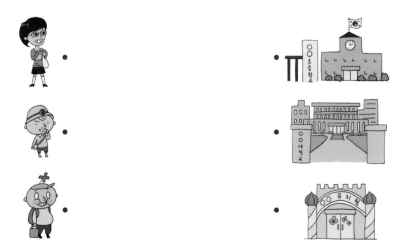

機　기구 기

- **기관**(機 關기관 관)
특정한 역할과 목적을 위해 만들어진 기구나 조직
- **교육 기관**(教가르칠 교 育기를 육 機關)
교육을 맡고 있는 기관
- **기구**(機 構얽을 구)
목적을 위해 구성한 조직
- **기능**(機 能능력 능)
하는 능력이나 역할
- **유기물**
(有있을 유 機 物물질 물)
생명체 안에서 만들어진 물질로 탄소를 포함하고 있음
- **무기물**(無없을 무 機物)
물, 흙, 돌 등 생명을 포함하지 않은 물질

유치원을 졸업하면 초등학교에 들어가요. 초등학교를 졸업하면 중·고등학교와 대학교에서 공부를 해요. 이제 그림을 연결할 수 있겠지요?

특정한 목적을 위해 만든 조직을 기관(機關)이라고 해요. 학교는 교육을 위해 만들어진 기관이에요. 그래서 교육 기관이라고 불러요. 여기서 기(機)는 기관이나 기구를 뜻해요.

어떤 목적을 위해 만든 조직은 기구(機構)라고 불러요. UN은 여러 나라의 국가들이 모여 물 부족 문제를 비롯한 다양한 문제를 해결하기 위해 만든 국제기구예요.

핵무기 개발을 감시하거나 전쟁이 일어났을 때 유엔 평화 유지군을 파견하기도 해요. 이것이 UN의 기능(機能)이에요. 역할이라는 말이지요.

유기물(有機物)은 탄소를 포함하는 물질을 말해요. 즉 태워서 재가 남는 물질이에요.

그 반대는 무기물이지요. 무기물은 물, 흙, 돌 등 생명을 포함하지 않은 물질을 말해요.

🔔 **유기 농산물**
유기물이 포함된 퇴비를 사용해 재배한 농산물을 유기 농산물이라고 해요.

물벼락을 맞을 것 같은 남자의 지금 심정을 나타낸 말은 뭘까요? (   )

① 안도감　　　② 위기감

機	때 기

- **위기**(危위험할 위 機)
  위험한 고비나 시기
- **위기감**(危機 感 느낄 감)
  위험에 처하거나 닥쳐오고 있다는 느낌
- **기회**(機 會기회 회)
  일을 하기에 적당한 시기
- **계기**(契맺을 계 機)
  일이 일어나는 결정적 원인이나 기회
- **동기**(動움직일 동 機)
  행동을 일으키는 계기
- **대기**(待기다릴 대 機)
  기회나 때를 기다림
- **대기실**(待機 室방 실)
  대기하는 장소
- **기선**(機 先먼저 선)
  상대의 기세를 누르기 위해 먼저 행동함
- **기미**(機 微작을 미)
  앞일을 짐작하게 하는 작은 낌새

정답은 ②번 위기감. 위기(危機)는 위험한 고비나 순간을 뜻해요. 위기감은 위험이 닥쳐오고 있다는 느낌이에요. 반대로 안도감은 편안히 안도하는 마음이에요.

이럴 때 기(機)는 시기나 때를 말해요. 기회(機會)는 일을 하기에 적당한 시기를 뜻하지요.

연못 안의 개구리가 뛰어오른다면 어떻게 될까요? 더 넓은 세상으로 나가는 계기가 되겠지요.

계기(契機)란 어떤 일이 일어나도록 만드는 기회를 말해요. 비슷한 말로 동기(動機)가 있어요. 움직이게 만드는 계기라는 뜻이지요.

기회나 때를 기다리는 것을 대기(待機)라고 하고, 기다리는 장소는 대기실이라고 해요.

기선(機先)은 상대의 기세를 누르기 위해 먼저 하는 행동이에요. 흔히 '기선을 제압하다'라고 말하지요.

기미(機微)는 앞일을 짐작하게 하는 상태나 낌새를 말해요.

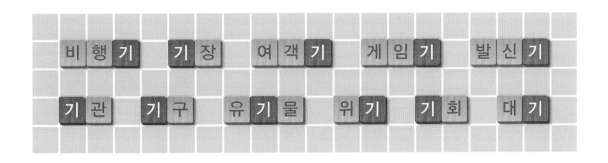

틀 기

비행기

항공기

기장

기수

여객기

게임기

전화기

사진기

축음기

발신기

수신기

기관

1 공통으로 들어갈 한자를 따라 쓰세요.

| 비 | 행 | | 교 | 육 | 관 |

장 機 능

| 전 | 화 | | 항 | 공 |

틀 기

2 어떤 낱말에 대한 설명인지 쓰세요.

1) 여행하는 사람을 태워 나르는 비행기 ➡ ☐☐☐

2) 게임을 즐기는 기계 ➡ ☐☐☐

3) 위험한 고비나 시기 ➡ ☐☐

4) 짐작하게 하는 낌새 ➡ ☐☐

3 알맞은 낱말을 찾아 문장을 완성하세요.

1) 저희 아버지는 항공기를 운행하는 ☐☐ 입니다.

2) 엄마, 친구에게 전화하려는 데 안방에 있던 ☐☐☐ 못 봤어요?

3) 면접 보실 분은 여기서 ☐☐ 해 주세요.

4) 사람들은 현재의 추억을 남기기 위해 ☐☐☐ 로 촬영을 해.

4 문장에 어울리는 낱말을 골라 ○표 하세요.

1) 사람들은 좋아하는 음악을 듣기 위해 아주 오래전 (발신기 / 축음기)를
   발명했어요.

2) 이번 캠프는 영어 공부에 흥미를 붙일 수 있는 (계기 / 계측)이(가) 되었어.

3) 대통령이 바뀌면서 정부의 모든 (기관 / 기계)을(를) 개편했어.

4) 위기는 곧 (기적 / 기회)(이)야.

5 설명을 읽고, 알맞은 낱말을 연결하세요.

1) 신호를 보내는 장치   ●　　　　　　● 수신기

2) 신호를 받는 장치   ●　　　　　　● 발신기

3) 교육을 맡고 있는 기관 ●　　　　　　● 동기

4) 행동을 일으키는 계기 ●　　　　　　● 교육 기관

6 그림과 같이 농사를 지을 때 필요한 도구를 무엇이라 하는지 쓰세요.

나 집에 간다.

끼악! 여길 언제 다 갈아.

→

트랙터

농 ☐☐

교육 기관
기구
기능
유기물
무기물
유기 농산물
위기
위기감
기회
계기
동기
대기
대기실
기선
기미

위 그림에서 아저씨는 고양이와 개가 바르고 분명하게 대답해 주길 바라고 있어요. 바르고 분명한 것은 정확(正確)하다고 해요. 한 치의 잘못됨이나 어긋남 없이 올바른 것이지요. 이렇게 확(確)은 분명하다는 뜻으로 쓰여요.

確	분명할 확

정확(正바를 정 確)
바르고 분명함

부정확(不아닐 부 正確)
정확하지 않음

정확도(正確 度정도 도)
정확한 정도

정확(精자세할 정 確)
자세하고 분명함

확정(確 定정할 정)
일을 분명하게 정함

확정적(確 定 的~하는 적)
틀림없이 그렇게 될 것으로 보임

그럼 정확의 반대말은 뭘까요? (   )

① 부정확   ② 종이학   ③ 안정확   ④ 부정맥

맞아요, ①번 부정확이에요. 바르지 않고 분명하지 않은 것이에요. 정확한 정도는 정확도라고 해요. 정확도가 높을수록 더 정확하겠지요?

'자세할 정(精)'을 쓰는 정확(精確)은 자세하고 분명하다는 뜻이에요. 자료나 정보를 정확히 분석해야 하는 것처럼요.

일을 분명히 매듭지을 땐 확정 짓는다고 하죠? 확정(確定)은 일을 분명하게 정하는 거예요. 틀림없이 그렇게 될 것으로 보이는 것은 확정적이라고 해요.

틀림없이 맞는 것, 즉 분명한 사실은 확실(確實)이에요. 무엇이든지 확실한 게 좋지요.

아래 빈칸을 채우면서 뜻을 '확실하게' 익혀 보세요.

어떤 일이 확실한 것으로 여겨지는 정도는 ☐☐성,
확실하다고 보여지는 것은 ☐☐시.

그럼 '확실'의 반대말은 뭘까요? ( )

① 부확실   ② 불확실   ③ 미확실   ④ 안확실

정답은 ②번 불확실이에요. 틀림이 있는지 없는지 알아보는 것은 확인(確認)한다고 하지요. 한 번 확인했던 것을 다시 확인하는 것은 재확인, 아직 확인되지 않은 것은 미확인이에요. '미확인 비행 물체'라고 들어 봤나요? UFO라고도 하는

뭘 그렇게 뚫어져라 보니?

붕어빵에 붕어가 들어가나 **확인**하려고요.

데, 비행접시같이 정체를 알 수 없는 비행체를 뜻해요.

나도 저렇게 예뻐질 수 있을까?

그럴 ☐☐은 세종 대왕이 살아 돌아올 ☐☐과 같겠지?

왼쪽 빈칸에 들어갈 말은 뭘까요? ( )

① 찍어   ② 확률
③ 뭘까   ④ 안돼

정답은 ③번 확률(確率)이에요. 확률은 어떤 일이 일어날 가능성의 정도를 가늠해 보는 수치예요. 좀 어렵게 표현하면, 확실성의 정도라고 할 수 있어요. 아무것도 일어나지 않을 확률은 몇일까요? 그렇지요, 0이에요.

■ **확실**(確 實내용 실)
분명한 사실

■ **확실성**(確實 性성질 성)
확실한 정도

■ **확실시**(確實 視보일 시)
확실하게 보임

■ **불확실**(不아니 불 確實)
분명하지 않은 것

■ **확인**(確 認알 인)
틀림이 있는지 알아봄

■ **재확인**(再다시 재 確認)
다시 확인함

■ **미확인**(未아직 미 確認)
아직 확인되지 않음

■ **확률**(確 率비율 률)
어떤 일이 일어날 가능성의 정도

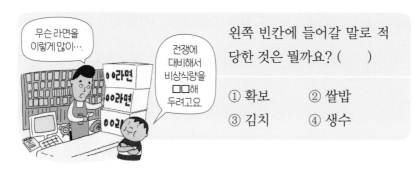

왼쪽 빈칸에 들어갈 말로 적당한 것은 뭘까요? (　　)

① 확보　　② 쌀밥
③ 김치　　④ 생수

確 **분명할 확**

■ 확보(確 保지킬 보)
확실하게 갖춤
■ 확보(確 報알릴 보)
확실하게 알림
■ 확신(確 信믿을 신)
생각이나 신념이 확실하다고
굳게 믿음
■ 확신범(確信 犯범죄 범)
확신이 결정적 동기가 되어 저
지른 범죄자
■ 확고(確 固굳을 고)
확실하고 단단함

정답은 ①번 확보예요. 비상식량을 확실하게 갖추려고 하는 거니까 확보(確保)지요.

그런데 한자가 다른 확보(確報)도 있어요. 확실하게 알리는 것을 말해요. 긴급 상황이 발생하거나 꼭 알려야 할 소식이 있을 때 사람들에게 확보하지요.

확신을 가지는 것은 좋지만 너무 지나치면 범죄를 일으킬 수도 있어요. 그런 사람을 뭐라고 할까요? (　　)

① 흉악범　　　② 범죄자　　　③ 확신범

맞아요, ③번 확신범(確信犯)이에요. 확신범은 범죄자이지만 반드시 나쁘다고만은 할 수 없어요. 과거 민주화 운동에 몸을 바친 분들을 생각해 보세요. 우리나라의 민주주의를 바로 세우겠다는 확신으로 죄를 지었기 때문에 우리는 그들을 나쁘게 보지 않지요.

확실하고 단단한 것은 확고(確固)예요. 확고한 생각, 확고한 자세처럼 흔들림 없는 생각이나 자세를 뜻해요.

🔔 이런 말도 있어요

확고부동(確固不動)은 한번 마음먹은 생각이나 의지가 확고해서 흔들리지 않는 거예요. 즉 '끄떡없음'을 말해요. 하지만 도가 지나치면 고집불통이 될 수도 있으니 조심하세요!

■ 확고부동(確固 不아니 부 動움직일 동) 확실하고 단단하여 흔들림이 없음

내 마음을 받아준다고 **확답**해 줘. 그렇지 않으면…

거기서 떨어진다고?

이번 기회에 여자 친구한테 확실한 대답을 들으려고 단단히 벼른 모양이에요. 확실한 대답은 확답(確答)이라고 해요. 확답을 할 때는 확실하게 말해야겠죠? 그건 확언(確言)이에요. 확신을 가지고 자신 있게 하는 말이지요.

남자 친구는 여자 친구에게 확실한 약속을 받고 싶은 거예요. 확실한 약속은 확약(確約)이라고 하지요.

분명한 증거는 뭐라고 할까요?

( )

내가 먹었다는 증거 있어?

물론! 이 고양이 발자국이 **확증**이지!

① 확증 ② 싫증 ③ 짜증

①번 확증(確證)이 정답이에요. 확증은 실증(實證)과 같은 말이에요. 확실한 증거임을 실제로 보여 주는 것을 실증이라고 하지요. 고양이가 먹었다는 증거가 확연히 드러났지요? 확연(確然)은 아주 확실한 것을 말해요. 명백하게 확실한 것은 명확(明確)하다고 해요. 고양이에게 음식을 빼앗긴 사람들은 이제 냉장고를 지킬 방법을 세울 궁리를 확실히 하겠지요. 체계를 굳게 세우는 것은 확립(確立)이에요. 그럼 다시 확립하는 것은 무엇일까요? 재확립이라고 하지요.

- **확답**(確 答답할 답)
  확실한 대답
- **확언**(確 言말씀 언)
  확실하게 말함
- **확약**(確 約약속할 약)
  확실한 약속
- **확증**(確 證증거할 증)
  확실한 증거
  = 실증
- **확연**(確 然그럴 연)
  아주 확실함
- **명확**(明밝을 명 確)
  명백하게 확실함
- **확립**(確 立설 립)
  체계를 굳게 세움
- **재확립**(再다시 재 確立)
  다시 확립함

정확 확정 확실 확인 확률 확신범

확고 확답 확언 확증 확연 재확립

確
분명할 **확**

정확(正確)

부정확

정확도

정확(精確)

확정

확정적

확실

확실성

확실시

불확실

확인

재확인

미확인

확률

① 공통으로 들어갈 한자를 따라 쓰세요.

| 부 정 |
| 률 |

인 確 답

분명할 **확**

| 신 |
| 실 성 |

② 어떤 낱말에 대한 설명인지 쓰세요.

1) 정확한 정도 ➡ ☐☐☐

2) 확실하게 갖춤 ➡ ☐☐

3) 확실한 증거 ➡ ☐☐

4) 명백하게 확실함 ➡ ☐☐

③ 알맞은 낱말을 찾아 문장을 완성하세요.

1) 시험 날짜가 아직 ☐☐ 되지 않았어.

2) 이번 경기에서는 우리 팀이 이길 ☐☐ 이 커.

3) 그가 뇌물을 받았는지는 아직 ☐☐ 되지 않았어.

4) 너의 부탁에 대한 답은 내가 오늘 저녁까지 ☐☐ 을 해 줄게.

4 문장에 어울리는 낱말을 골라 ○표 하세요.

1) 역사학을 전공하겠다는 나의 의지는 (확신 / 확고)해.

2) 개수가 틀리면 안 되니까 다시 한번 (정확 / 부정확)히 세어 봐.

3) 불을 끄고 나왔는지 (재확인 / 미확인)해 봐.

4) 네가 좋아하는 연예인이 오늘 여기 오는 것 (확실 / 확인)해?

5 설명을 읽고, 알맞은 낱말을 연결하세요.

1) 정확하지 않음　　　●　　　　　　　　　● 확정

2) 일을 분명하게 정함　●　　　　　　　　　● 미확인

3) 아직 확인되지 않음　●　　　　　　　　　● 확약

4) 확실한 약속　　　　●　　　　　　　　　● 부정확

6 옳은 답을 따라가면서 나오는 글자를 모아 낱말을 만드세요.

➡ 예　➡ 아니오

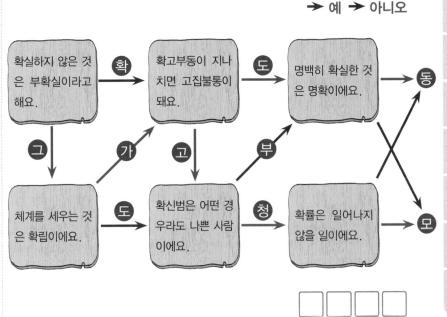

확보(確保)
확보(確報)
확신
확신범
확고
확고부동
확답
확언
확약
확증
실증
확연
명확
확립
재확립

이번 시험은 정말 자신 있어!

信 믿을 신

위 그림의 빈칸에 공통으로 들어갈 말은 무엇일까요? (   )

① 신의   ② 자만   ③ 신망   ④ 자신

정답은 ④번 자신이에요. 자신(自信)은 어떤 일을 해낼 수 있다거 나 꼭 그렇게 될 것이라고 스스로 굳게 믿는다는 뜻이지요. 자신이 있으면 자신감도 생기겠죠? 여기서 신(信)은 '믿다'라는 뜻이에요.

일제 강점기에 안중근 의사는 조국 광복의 신념에 불타 독립운동을 하셨어요. 죽음 앞에서도 신념을 굳게 지키셨지요. 신념(信念)은 굳게 믿는 생각을 뜻해요.

信 믿을 신

■ **자신**(自 스스로 자 信)
어떤 일을 해낼 수 있다거나 꼭 그렇게 될 것이라고 스스로 굳게 믿음

■ **자신감**(自信 感느낄 감)
자신이 있다는 느낌

■ **신념**(信 念생각 념)
굳게 믿는 생각

🔔 **신(信)의 어원**
신(信)은 사람[人]에 말[言] 을 더한 글자예요. 사람의 말을 믿는다는 뜻이겠지요.

그런데 해방 직후 우리 민족은 신탁 통치에 대한 찬성과 반대를 두고 극심한 혼란에 빠진 적이 있었어요. 신탁(信託)은 기본적으로 신임(信任)과 같은 말로 믿고 맡긴다는 뜻이죠. 일정한 목적에 따라 재산의 관리와 처분을 남에게 맡기는 일이라는 말이에요. 신탁 통치는 국제 연합의 위임을 받은 국가가 일정한 지역을 통치하는 특수한 통치 형태를 말해요.

세상에는 많은 종교가 있어요. 신앙(信仰)은 신을 믿고 받드는 마음가짐이자 행위이지요. 종교를 믿는 사람들을 신도(信徒)라고 해요. 신도는 종교에 따라 교리를 믿고 받들어요. 신봉(信奉)하는 거지요. 신앙심이 깊은 신도는 교리를 더욱 신봉하겠지요.

한편 미신(迷信)은 상식에 어긋나고 종교적으로 망령되다고 판단되는 신앙을 말해요. 시험 보는 날, 그 학교 교문에 찹쌀떡이나 엿을 붙이면 합격한다고 믿는 건 미신이지요.

장사는 신용이 생명이라고 하지요. 신용(信用)이란 믿고 쓰는 것을 말해요. 물건값을 비싸게 받거나 상한 물건을 파는 장사꾼은 신용이 땅에 떨어지겠지요.

■ **신탁**(信 託맡길 탁)
믿고 맡김
= 신임

■ **신탁 통치**(信託 統거느릴 통 治다스릴 치)
통치를 남에게 믿고 맡김

■ **신앙**(信 仰우러를 앙)
믿고 받드는 일

■ **신도**(信 徒무리 도)
어떤 종교를 믿는 무리

■ **신봉**(信 奉받들 봉)
믿고 받드는 일

■ **미신**(迷미혹할 미 信)
상식에 어긋난다고 판단되는 신앙

■ **신용**(信 用쓸 용)
믿고 씀

🔔 **확신**
믿음이 확고할 경우에 확신(確굳을 확 信)을 가지고 있다고 하지요.

🔔 **신뢰**
신뢰(信 賴의지할 뢰)란 굳게 믿고 의지하는 것을 말해요.

빈칸에 들어갈 알맞은 말은 무엇일까요? (　　　)

① 통발　　　② 통신　　　③ 발사　　　④ 발동

정답은 ②번 통신이에요. 통신(通信)은 소식이 통한다는 말이지요.
우편이나 전신, 전화, 전자 우편 따위로 소식을 주고받을 수 있겠지
요. 통신을 하기 위해서는 전화선이나 송신탑, 수신탑과 같은 통신
설비나 컴퓨터의 랜이나 모뎀 따위의 통신 설비를 갖춘 체계가 필요
하지요. 이런 설비들이 그물처럼 연결된 것을 통신망이라고 해요.

그럼 통신을 하기 위해서 드는 비용을 뭐라고 할까요? (　　　)

① 통신업　　② 통신문　　③ 통신사　　④ 통신비

정답은 ④번 통신비예요. 통신과 관련된 사업은 통신업이지요.
신호(信號)는 일정한 표지, 소리, 몸짓 따위로 정보를 전달하는 데
쓰이는 부호를 말해요. 우리 주변에서 자주 볼 수 있는 신호는 교통
신호가 있지요. 가장 흔한 교통 신호로는 신호등이 있고요.
신호라는 뜻을 생각하면서 빈칸을 채워 볼까요?
신호를 보내는 것은? 발□,
신호를 받는 것은? 수□,
신호를 보내는 사람은 □□자,
받는 사람은 □□□자.

信　소식 신

- **통신**(通통할 통 信)
  소식을 주고받아 서로 통함
- **통신망**(通信 網그물 망)
  그물처럼 연결된 통신 설비 체계
- **통신비**(通信 費비용 비)
  통신에 드는 비용
- **통신업**(通信 業일 업)
  통신 사업

信　신호 신

- **신호**(信 號부호 호)
  일정한 표지, 소리, 몸짓 따위
  로 정보를 전달하는 부호
- **교통 신호**
  (交교차할 교 通통할 통 信號)
  사람이나 차량이 질서 있게 길
  을 가도록 나타내는 신호
- **신호등**(信號 燈등불 등)
  적색, 녹색, 황색 및 녹색 화살
  표시 따위로 사람이나 차량에
  게 지시하는 장치
- **발신**(發보낼 발 信)
  신호를 보냄
- **수신**(受받을 수 信)
  신호를 받음
- **발신자**(發信 者사람 자)
  신호를 보낸 사람
- **수신자**(受信者)
  신호를 받는 사람

信 믿을 신

■ **교우이신**
(交 友벗우 以써이 信)
친구를 사귀는데 믿음으로써 함

■ **붕우유신**
(朋벗붕 友 有있을유 信)
친구 사이에는 믿음이 있어야 함

■ **효제충신**(孝효도 효 悌공손할 제 忠충성충 信)
어버이에 대한 효도, 형제끼리 의 우애, 임금에 대한 충성, 벗 사이에 대한 믿음을 통틀어 이 르는 말

■ **신상필벌**(信 賞상줄 상 必 반드시 필 罰벌할 벌)
공이 있으면 상을 주고 죄가 있 으면 반드시 벌을 준다는 말

친구를 사귐에 있어서는 무엇보다 믿음이 중요하죠. 교우이신(交 友以信)은 친구를 사귀는 데 믿음으로써 하라는 말이지요. 이 말은 신라 진평왕 때 원광법사가 정한 화랑의 세속오계 중 하나였어요. 유교의 오륜(五倫)에서도 이와 비슷한 말이 있어요. 바로 붕우유신(朋 友有信)으로, 친구 사이에는 믿음이 있어야 한다는 말이랍니다. 효제충신(孝悌忠信)은 어버이에 대한 효도와 형제끼리의 우애, 임 금에 대한 충성, 벗 사이의 믿음을 통틀어 이르는 말이에요. 신상필벌(信賞必罰)은 공이 있는 사람에게는 반드시 상을 주고 죄 가 있는 사람은 반드시 벌을 준다는 말이에요. 상과 벌을 공정하게 내려야 한다는 뜻에서 나온 말이지요.

🔔 이런 말도 있어요

신(信)은 '펴다'라는 뜻으로도 사용돼요. 이때에는 '펼 신(伸)'과 같은 뜻이지요. 이곡(李 穀)의 《가정집(稼亭集)》에 굴이불신(屈而不信)이란 말이 나와요. 굽힐 줄만 알고 펴지 못한다는 말이죠. 자신의 신념을 굽힐 줄만 알지 지키지 못함을 이르는 말이에요.
■ **굴이불신**(屈굽힐 굴 而말이을 이 不아닐 불 信믿을 신) 굽히고는 펴지 아니 함

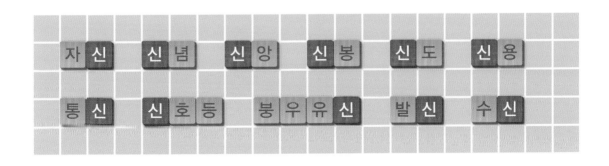

信
믿을 신

| 자신 |
| 자신감 |
| 신념 |
| 신탁 |
| 신임 |
| 신탁 통치 |
| 신앙 |
| 신도 |
| 신봉 |
| 미신 |
| 신용 |
| 확신 |
| 신뢰 |
| 통신 |
| 통신망 |

1 공통으로 들어갈 한자를 따라 쓰세요.

념

자 信 미

탁 믿을 신 확

용

확

2 어떤 낱말에 대한 설명인지 쓰세요.

1) 굳게 믿는 생각 ➡ ☐☐

2) 통치를 남에게 믿고 맡김 ➡ ☐☐ ☐☐

3) 신호를 보낸 사람 ➡ ☐☐☐

4) 신호를 받는 사람 ➡ ☐☐☐

3 알맞은 낱말을 찾아 문장을 완성하세요.

1) 이번 달 인터넷, 휴대 전화 등의 ☐☐☐가 너무 많이 나왔어.

2) 이번 시험에서는 1등 할 ☐☐이 있어.

3) 저 횡단보도 앞 ☐☐☐에 신호가 켜지면 좌회전하세요.

4) 교문 앞에 엿을 붙이는 것은 ☐☐이야.

❹ 문장에 어울리는 낱말을 골라 ○표 하세요.

1) 장사를 할 때는 (신탁 / 신용)이 우선이야.

2) 미신도 (신앙 / 신뢰)(이)라고 할 수 있어?

3) 대통령은 국무총리를 특별히 (신봉 / 신임)했어.

4) 그 친구는 거짓말을 하도 많이 해서 (신뢰 / 신호)할 수가 없어.

❺ 빈칸에 들어갈 알맞은 낱말을 [보기]에서 골라 쓰세요.

> **보기**   교우이신   효제충신   신상필벌

1) 공이 있는 사람에게는 반드시 상을 주고
   죄가 있는 사람은 반드시 벌을 줌 → ☐☐☐☐

2) 친구를 사귀는 데 믿음으로써 함 → ☐☐☐☐

3) 어버이에 대한 효도, 형제끼리 우애,
   임금에 대한 충성, 벗 사이의 믿음을 이름 → ☐☐☐☐

❻ 그림을 보고, 빈칸에 들어갈 알맞은 낱말을 쓰세요.

인터넷이 발달할수록 ☐☐ 예절이 더 중요해졌어요.

통신비
통신업
신호
교통 신호
신호등
발신
수신
발신자
수신자
교우이신
붕우유신
효제충신
신상필벌
굴이불신

넌 사고방식이 왜 그러니?

思 생각할 사

사람들은 어떤 문제에 대해 생각하는 방법이나 태도를 보면서 그 사람의 사고방식을 말하곤 하지요. 긍정적인 사고방식을 가지라고도 하고, 영어로 말할 때는 영어식 사고방식을 가져야 한다고 하기도 하지요.

사고방식에서 '사고'란 무엇일까요? 사고(思考)는 어떤 일에 대하여 생각하고 궁리하는 것을 말해요. 사고력을 키워야 한다고 하는 건 생각하는 힘을 기르라는 뜻이지요. 이럴 때 사(思)는 생각한다는 말이에요.

생각하는 힘…

여러분은 세상을 어떻게 보나요? 사물은 또 어떻게 보고, 현상은 어떻게 보나요? 사람들은 논리적 사고와 진보적 사고를 가지라고 하지요. 어떤 문제에 대해 과학적으로 관찰하고 분석하고 해결하는 것은 논리적 사고라고 해요.

진보적 사고는 앞서 나가는, 또는 기존의 것을 바꿔 나가는 생각을 말해요.

思 생각할 사

- **사고**(思 考궁리할 고)
  생각하고 궁리함
- **사고력**(思 考 力힘 력)
  생각하는 힘
- **논리적 사고**(論따질 논 理다스릴 리 的~하는 적 思考)
  분석하고 해결하는 것을 생각하는 일
- **진보적 사고**(進나아갈 진 步걸을 보 的 思考)
  앞서 나가 생각하는 일

두루 생각하는 일은 사유(思惟)라고 하며 사고와 비슷한 뜻으로 사용되기도 해요. 이렇게 사(思)가 들어 있는 말은 생각한다는 뜻을 지녀요.

사물의 이치에 대해 파고들어 깊이 생각하는 것은 사색(思索)이에요. 사색은 생각이 계속 이어져 나가서 깊어진다는 뜻이랍니다.

아! 가을은 **사색**의 계절! 생각이 깊어지는구나.

'여러 가지 일에 대해 깊이 생각하다', '깊은 생각'이라는 뜻을 가지고 있는 말이 또 있어요. 무엇일까요? (   )

① 사진　　　② 사려　　　③ 사랑　　　④ 사탕

정답은 ②번 사려(思慮)예요. 사색은 사려 깊은 사람을 만든다고 해요.

그럼 사색과 사려는 어떤 차이가 있을까요? 사색은 깊이 생각하는 것 그 자체를 말한다면, 사려는 사색을 통해 얻은 이해를 바탕으로 행동에 이르는 것을 말하지요.

사모하는 미선 씨 오늘도 밤잠을 이루지 못하며 당신...

우리 아빠는 사려 깊은 엄마의 마음씨에 반했다고 해요. 아빠가 차곡차곡 모아둔 연애편지는 인제나 '사모하는 미선 씨!'로 시작해요. 사모(思慕)는 애틋하게 생각하고 그리워한다는 것을 매우 존대하여 표현하는 것이지요.

사변(思辨)이란 말도 있어요. 생각으로 옳고 그름을 가려낸다는 뜻이죠. 사변적이란 말로 많이 쓰이는데 사변적은 경험에 의하지 않고 순수한 이성에 의하여 인식하고 설명하는 것을 뜻해요.

■ **사유**(思 惟생각할 유)
두루 생각함
■ **사색**(思 索찾을 색)
어떤 것에 대하여 깊이 생각하고 이치를 따짐
■ **사려**(思 慮생각할 려)
여러 가지 일에 대하여 깊이 생각하고 실천함
■ **사모**(思 慕그리워할 모)
애틋하게 생각하고 그리워함
■ **사변**(思 辨분별할 변)
생각으로 사물의 옳고 그름을 가려냄
■ **사변적**(思辨的)
경험이 아닌 순수한 이성으로 인식하고 설명함

思 　생각 사

- **사상**(思 想 생각 상)
사물에 대하여 가지고 있는
구체적인 사고나 생각
- **사상가**(思想 家전문가 가)
체계적이고 깊이 있는 사상으로
그 생각을 적극 주장하는 사람
- **의사**(意뜻 의 思)
무엇을 하고자 하는 생각

우리나라는 예부터 전해 내려오는 유교 정신의 영향으로 남자아이를 선호하는 사상이 있었어요. 이와 같이 어떤 사물에 대해 가지고 있는 구체적인 사고나 생각을 사상(思想)이라고 해요.

체계적이고 깊이 있는 사상을 가지고, 그 생각을 적극 주장하는 사람은 무엇이라고 부를까요? (　　　)

① 사상전　　② 사상가　　③ 사상자　　④ 사상범

정답은 ②번 사상가(思想家)예요. 전문가를 뜻하는 가(家) 자가 붙어요.

세종 대왕은 한글을 만들고자 하는 의사를 가지고 있었죠? 의사(意思)는 무엇을 하고자 하는 생각이랍니다. '의사가 있다, 없다' 혹은 '의사를 전달하다'와 같이 쓰여요.

🔔 사정전
임금님이 나랏일을 생각하며 일하던 곳을 사정전(思 政정사 정 殿전각 전)이라고 하지요.

🔔 **이런 말도 있어요**

사춘기(思春期)를 말 그대로 풀어 보면, 봄을 생각하는 기간을 뜻하죠. 여기서 봄이란 이성을 말해요. 성호르몬의 분비가 증가하면서 몸의 생식 기능이 거의 완성되어, 이성에 대한 관심이 자연스레 생기게 되는 젊은 시절을 말하죠.

- **사춘기**(思 春봄 춘 期기간 기) 이성에 대해 관심을 갖게 되는 젊은 시절

결혼은 일생에서 가장 중요한 일 가운데 하나! 당연히 생각하고 또 생각해야죠. 깊이 잘 생각하는 것을 심사숙고(深思熟考)라고 해요.

중대한 일을 결정하거나 선택해야 할 때 심사숙고하는 것은 실수를 줄여 준답니다. 심사숙고와 비슷하게 쓰이는 말로, 밤낮으로 깊이 생각하고 헤아린다는 뜻의 주사야탁(晝思夜度)이 있어요.

思 생각할 사

■ **심사숙고**(深깊을 심 思 熟익을 숙 考생각할 고)
깊이 잘 생각함

■ **주사야탁**(晝낮주 思 夜밤야 度헤아릴 탁)
밤낮으로 깊이 생각하고 헤아림

■ **노심초사**(勞근심할 노 心마음 심 焦탈 초 思)
몹시 마음을 쓰며 애를 태움

■ **사무사**
(思 無없을 무 邪간사할 사)
사악한 마음 없이 생각함

🔔 **사조**
한 시대의 일반적인 사상의 흐름을 사조(思 潮바닷물 조)라고 하지요.

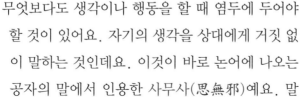

아래 문장의 빈칸에 들어갈 말은 무엇일까요? (　　　)
"거짓말이 탄로날까 봐 □□□□하였다."

① 감언이설　　　② 금상첨화
③ 작심삼일　　　④ 노심초사

정답은 ④번! 노심초사(勞心焦思)는 몹시 마음을 쓰며 애를 태운다는 뜻이에요. 거짓말이 드러날까 봐 애를 태운 거겠죠.

무엇보다도 생각이나 행동을 할 때 염두에 두어야 할 것이 있어요. 자기의 생각을 상대에게 거짓 없이 말하는 것인데요. 이것이 바로 논어에 나오는 공자의 말에서 인용한 사무사(思無邪)예요. 말 그대로 거짓이나 사심이 없다는 걸 의미하며, 그로 인해 서로의 신뢰가 쌓이는 것이지요.

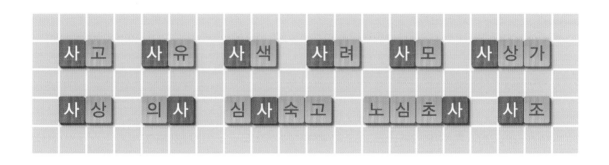

思
생각할 사

1 공통으로 들어갈 한자를 따라 쓰세요.

고 력

심 숙 고

색

思
생각할 **사**

모

려

상 가

2 어떤 낱말에 대한 설명인지 쓰세요.

1) 두루 생각함 ➡ ☐☐

2) 생각하는 능력 ➡ ☐☐☐

3) 생각으로 사물의 옳고 그름을 가려냄 ➡ ☐☐

4) 체계적이고 깊이 있는 사상을 생각하고 주장하는 사람 ➡ ☐☐☐

3 알맞은 낱말을 찾아 문장을 완성하세요.

1) 그는 참 ☐☐ 깊은 사람이야.

2) 아직도 남아 선호 ☐☐ 이 남아 있어.

3) 지금 비밀이 탄로날까 봐 ☐☐☐☐ 하고 있어.

4) 세종 대왕은 한글을 만들고자 하는 ☐☐ 를 가지고 있었어요.

사고

사고력

논리적 사고

진보적 사고

사유

사색

사려

사모

사변

사변적

4 **문장에 어울리는 낱말을 골라 ○표 하세요.**

1) 가을은 깊이 생각할 수 있는 (사랑 / 사색)의 계절이야.

2) 논리적으로 (사고 / 사주)하는 힘을 길러야 해.

3) 엄마는 내 (의사 / 심사) 따위 신경도 쓰지 않아.

4) 성적 때문에 너무 (노심초사 / 심사숙고)하지 마.

5 **빈칸에 들어갈 알맞은 글자를 [보기]에서 골라 쓰세요.**

보기	색 감 려 만 심 초 모 고 숙 사

1) 사물의 이치를 파고들어 깊이 생각하는 사 ☐

2) 사색은 사 ☐ 깊은 사람을 만들지요.

3) 아빠의 연애편지는 늘 '사 ☐ 하는 미선 씨'로 시작해요.

4) '거짓이나 사심 없이 생각하다'는 뜻의 공자의 말은 ☐ 부사라고 해요.

6 **그림을 보고, 빈칸에 들어갈 알맞은 낱말을 쓰세요.**

1)

노인을 공경하는 마음

→ 경로 ☐ ☐

2)

이성에 대해 관심을 갖게 되는 젊은 시절

→ ☐ ☐ ☐

사상

사상가

의사

사정전

사춘기

심사숙고

주사야탁

노심초사

사무사

사조

새롭게 다지는 각오

覺 깨달을 **각**

위 그림의 아이들은 단단히 각오를 한 모양인데, 어째 각오 같지가 않죠? 각오(覺悟)는 앞으로 해야 할 일을 깨닫고 마음의 다짐을 하는 것이에요. 한편 '혼날 각오는 돼 있겠지?' 할 때처럼 닥쳐올 일을 미리 깨달아 마음의 준비를 하는 것도 각오라고 해요. 이럴 때 각(覺)은 이치나 도리를 깨닫다는 뜻으로 쓰여요.

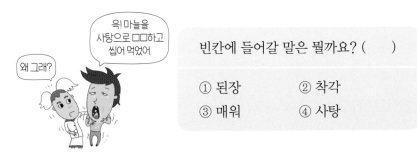

빈칸에 들어갈 말은 뭘까요? (　　　)

① 된장　　　② 착각
③ 매워　　　④ 사탕

마늘을 사탕으로 잘못 안 것처럼 어떤 대상이나 사실을 실제와 다르게 깨닫는 것은 착각(錯覺)이에요. 그래서 정답은 ②번이죠.
착각이 지나치면 환각(幻覺)이 될 수 있어요. 환각은 없는데도 마치 있는 것처럼 착각하는 거예요. 착각과 환각을 통틀어 망각(妄覺)이라고 해요. 망각은 잘못 깨닫거나, 없는 것을 있는 것으로 아는 현상이지요. 기억을 잊어버리는 망각(忘却)과 한자가 다르니 조심!

覺 깨달을 **각**

- **각오**(覺 깨달을 **悟**깨달을 오)
  앞으로 해야 할 일을 깨닫고 마음의 준비를 함
- **착각**(錯어긋날 착 覺)
  대상이나 사실을 실제와 다르게 깨달음
- **환각**(幻헛보일 환 覺)
  없는 것을 있는 걸로 착각함
- **망각**(妄망령될 망 覺)
  잘못 깨닫거나 거짓으로 깨닫는 현상
- **망각**(忘잊을 망 却 물리칠 각)
  어떤 사실을 잊어버림

각(覺)의 뜻을 생각하면서 다음 빈칸을 채워 보세요.

깨달음을 알게 되는 것, 즉 깨우침은 지 □,

깨닫지 못하는 것, 즉 지각하지 못하는 것은 몰지 □,

잘못을 깨닫고 정신을 차리는 것은 □ 성.

아기 꿀벌은 엄마 몰래 꿀을 먹다가 발각되었어요. 이렇게 몰래 하던 일을 들켜서 다른 이들이 그 사실을 깨닫게 된 것을 발각(發覺)이라고 해요.

이제 엄마 꿀벌은 아기 꿀벌을 잘 타일러서 잘못을 깨우치도록 해야겠죠? 이것을 경각(警覺)이라고 해요. 정신을 차리도록 주의를 주는 것이지요. 그런 마음은 잘못을 깨우치는 마음 즉 경각심이에요.

아기 꿀벌이 무엇을 쓰고 있는 걸까요? ( )
① 각서   ② 생일카드   ③ 청장   ④ 성적표

맞아요. 각서(覺書)예요. 두 번 다시 잘못하지 않겠다는 깨달음을 약속하는 문서지요. 그런데 사람이나 나라 사이에 어떤 약속을 할 때 그 약속을 잘 지키겠다는 내용을 적은 문서도 각서라고 해요. 각서의 뜻이 넓은 의미로 쓰인 것이지요.

남보다 먼저 세상 이치의 깨달음을 얻은 사람은 선각자라고 해요. 선각(先覺)은 세상 물정을 먼저 깨우쳤다는 뜻이에요.

지각(知알 지 **覺)**
깨달음을 얻게 됨

몰지각(沒없을 몰 **知覺)**
깨닫지 못함

각성(覺 醒깰 성**)**
깨달아 정신을 차림

발각(發들출 발 **覺)**
어떤 일을 들켜서 다른 사람들이 깨닫게 됨

경각(警깨우칠 경 **覺)**
타일러서 잘못을 깨우침

경각심(警覺 心마음 심**)**
잘못을 깨우치는 마음

각서(覺 書문서 서**)**
잘못하지 않겠다는 깨달음을 약속하는 문서

선각자(先覺 者사람 자**)**
남보다 먼저 세상 이치의 깨달음을 얻은 사람

선각(先먼저 선 **覺)**
세상 이치를 먼저 깨우침

난 패션 □□이 아주 뛰어나 이 멋진 줄무늬를 좀 봐!

내 앞에서 계속 줄무늬 얘기할래!

빈칸의 말은 뭘까요? ( )

① 얼룩 ② 무늬 ③ 감각

얼룩, 무늬는 아닐 테니까 맞는 말은 ③번 감각이에요. 감각(感 覺)은 눈, 코, 귀, 혀, 살갗을 통하여 바깥의 자극을 받는 거예요.

여기서 각(覺)은 감각을 뜻해요. 감각을 자극하거나 감각에 예민한 것은 감각적이라고 합니다. 그럼 감각에는 뭐가 있을까요?

눈으로 보고 느끼는 시각(視覺), 귀로 듣고 느끼는 청각(聽覺), 혀로 맛보고 느끼는 미각(味覺), 코로 냄새 맡고 느끼는 후각(嗅覺), 살갗에 닿아서 느끼는 촉각(觸覺)이 있어요. 이 다섯 가지 감각을 오각(五覺)이라고 하지요.

그러면 몸의 자극을 깨닫는 기관은 뭐라고 할까요? ( )

① 감각 기관   ② 국가 기관   ③ 수사 기관

맞아요, 감각 기관(感覺器官)이에요. 그러니까 눈, 코, 귀, 혀, 살갗은 감각 기관인 셈이지요. 감각 기관이 고장 나면 어떻게 될까요? 장애를 일으키겠지요. 시각에 문제가 생기면 시각 장애, 청각에 문제가 생기면 청각 장애가 돼요.

빈칸에 감각을 넣어 보세요.

몸의 균형을 느낄 수 있는 감각은 균형 □□,

몸의 각 부분의 운동에 따라 생기는 감각은 운동 □□.

균형 감각이나 운동 감각은 몸 안에서 스스로 생기는 감각이라서 내부 감각(內部感覺)이라고 해요. 내부 감각의 반대 개념은 외부 감각(外部感覺)이에요. 외부의 자극으로 느끼는 감각이지요.

覺 감각 각

▶ **감각(感느낄 감 覺)**
눈, 코, 귀, 혀, 살갗을 통해 자극을 깨달음

▶ **감각적(感覺 的~하는 적)**
감각에 예민한 것

▶ **시각(視볼 시 覺)**
눈으로 보고 느끼는 감각

▶ **청각(聽들을 청 覺)**
귀로 듣고 느끼는 감각

▶ **미각(味맛 미 覺)**
혀로 맛보고 느끼는 감각

▶ **후각(嗅맡을 후 覺)**
코로 냄새 맡고 느끼는 감각

▶ **촉각(觸닿을 촉 覺)**
살갗에 닿아서 느끼는 감각

▶ **오각(五다섯 오 覺)**
다섯 가지 감각

▶ **감각 기관**
(感覺 器기관 기 官기관 관)
몸이 자극을 깨닫는 기관

▶ **균형 감각**
(均고를 균 衡저울 형 感覺)
균형을 느끼는 감각

▶ **운동 감각(運움직일 운 動움직일 동 感覺)**
운동을 느끼는 감각

▶ **내부 감각**
(內안 내 部부분 부 感覺)
몸 안에서 스스로 생긴 감각

▶ **외부 감각**
(外바깥 외 部感覺)
몸 밖의 자극으로 생긴 감각

각(覺)이 '깨닫다'라는 뜻이라고 했지요. 그런데 '깨닫다'라는 말은 어디서 왔을까요? 깨닫다는 깨고 나와서 나아간다, 즉 사물의 본질을 생각하여 알게 되는 것이에요.

'알에서 깨다'에서 깨다는 태어나다라는 뜻이에요. 알을 깨고 나오면 새 생명이 태어나는 것이니까요. 또 알을 깨는 것처럼 단단한 물건을 부순다는 뜻도 있어요.

'잠에서 깨다'에서 '깨다'는 정신을 차린다는 뜻이에요. '편견을 깨다'에서는 생각을 뒤집는다는 뜻으로 쓰였지요.

깨달음은 사물의 이치나 본질 같은 것을 깨치는 것이지요.

그럼 '깨달음'과 바꿔 쓸 수 없는 말에 ×표 해 보세요. (   )

깸 (   )   깨침 (   )

깨우침 (   )   삐침 (   )

감정이 상해서 토라지는 게 '삐침'이니까 깨닫는 것과는 거리가 멀지요. 깨치다는 깨달아 안다는 뜻으로, 깨우치다라고도 해요.

깨닫다
깨고 나와서 나아감 / 사물의 본질을 생각하여 알게 됨

- **깨다**
  ① 태어나다
  ② 물건을 부수다
  ③ 정신을 차리다
  ④ 생각을 뒤집다
- **깨달음**
  사물의 본질을 깨우침
- **깨치다**
  깨달아 앎 = 깨우치다

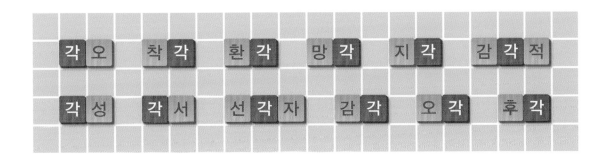

각오 착각 환각 망각 지각 감각적

각성 각서 선각자 감각 오각 후각

깨달을 각

각오

착각

환각

망각(妄覺)

망각(忘却)

지각

몰지각

각성

발각

경각

경각심

각서

선각자

선각

감각

1 공통으로 들어갈 한자를 따라 쓰세요.

감 기 관

망

覺
깨달을 각

착

선 자

서

발

2 어떤 낱말에 대한 설명인지 쓰세요.

1) 어떤 사실을 잊어버림 ➡ ☐☐

2) 다시 잘못하지 않겠다는 깨달음의 약속 문서 ➡ ☐☐

3) 세상이치를 먼저 깨우친 사람 ➡ ☐☐☐

4) 눈, 코, 귀, 혀, 살갗을 통해 자극을 깨달음 ➡ ☐☐

3 알맞은 낱말을 찾아 문장을 완성하세요.

1) 이제는 절대 게임을 안 하기로 ☐☐를 단단히 한 모양이다.

2) 쓰레기를 길에 버리다니 참으로 몰☐☐하다.

3) 여기에 나무가 있던 것으로 ☐☐했어.

4) 나는 ☐☐이 예민해서 냄새를 잘 맡아.

4 문장에 어울리는 낱말을 골라 ○표 하세요.

1) 수업 시간에 만화책을 읽다가 선생님께 (시각 / 발각)되었어.

2) 그는 이야기나 상황을 아주 실감나게 (감각적 / 사상적)으로 표현해.

3) 이제는 모두가 (착각 / 각성)해서 이 어려움을 헤쳐 나가야 해.

4) 유명 배우가 아프다는 소식은 건강을 생각하는 사람들에게 큰 (선각 / 경각)을 주었어.

5 다음 뜻에 맞는 낱말을 글자판에서 찾아 ○표 하세요.

1) 잘못을 깨우침

2) 남보다 먼저 세상 이치를 깨달은 사람

3) 다시 잘못하지 않겠다고 약속하는 문서

4) 눈, 코, 귀, 혀, 살갗을 통하여 바깥으로부터 자극을 받음

지	원	주	안	환
선	불	경	관	설
수	감	각	서	조
원	수	심	지	자
선	각	자	선	극

6 빈칸에 들어갈 알맞은 말을 [보기]에서 골라 쓰세요.

보기	시각 청각 후각 미각 촉각

1) 눈으로 보는 감각

= ☐☐

2) 코로 냄새 맡는 감각

= ☐☐

3) 혀로 맛보는 감각

= ☐☐

4) 귀로 듣는 감각

= ☐☐

5) 피부가 닿는 감각

= ☐☐

감각적

시각

청각

미각

후각

촉각

오각

감각 기관

균형 감각

운동 감각

내부 감각

외부 감각

깨다

깨달음

깨치다

깨우치다

물질을 이루는 바탕은 원소지!

원소

슈퍼 히어로의 몸은 일반인보다 100배 더 강한 **원소**들로 구성되어 있지.

우리 몸은 무엇으로 구성되어 있을까요? 수많은 물질로 구성되어 있고, 이 물질은 또 수많은 원소로 구성되어 있어요. 그런데 원소가 무슨 뜻이냐고요? 원소는 '근원 원(元)'에 '바탕 소(素)'를 더한 말로, 근원이 되는 바탕이라는 뜻이에요. 모든 물질은 한 가지 또는 두 가지 이상의 원소로 이루어져 있어요. 과학은 단어의 뜻만 알아도 쉽게 이해 돼요. 그럼 과학과 관련된 낱말을 더 알아볼까요?

산소부터 알루미늄까지 꼭 필요한 원소들!

공기는 냄새도 나지 않고 눈에 보이지도 않지요. 그건 공기를 이루는 원소들이 빛깔도, 맛도, 냄새도 없는 성질을 갖고 있기 때문이에요.
산소는 공기의 주성분으로 우리가 숨을 쉬는 데 꼭 필요하죠.
질소는 공기의 대부분을 차지하는 원소예요.
수소는 가장 가벼운 기체 원소로 물을 이루는 원소예요.
'바탕 소(素)' 자가 들어가는 다른 원소들의 이름도 알아볼까요?
탄□는 숯·석탄, 다이아몬드의 주요 성분이에요.
이산화 탄□는 탄소가 연소할 때 생기는 기체예요. 식물은 공기 중의 이산화 탄소와 뿌리의 물로 영양분을 만들지요.

元	素
근원 원	바탕 소

근원이 되는 바탕 / 물질을 이루는 기본 성분

■ **산소**(酸산소 산 素)
공기의 주성분인 원소로, 맛과 빛깔과 냄새가 없는 물질

■ **질소**(窒질소 질 素)
공기의 대부분을 차지하는 원소로, 맛과 빛깔과 냄새가 없는 물질

■ **수소**(水물 수 素)
가장 가벼운 기체 원소로, 빛깔과 냄새와 맛이 없음

■ **탄소**(炭숯 탄 素)
숯·석탄, 다이아몬드의 주요 성분으로 수소, 산소와 결합하여 탄수화물을 만듦

■ **이산화 탄소**(二두 이 酸化될 화 炭素)
탄소가 연소할 때 생기는 기체

규☐는 흙, 점토, 암석 등에 들어 있는 원소로 전자 장치나 반도체를 비롯한 각종 첨단 기술 장치를 만드는 데 쓰여요.

그 외에 철은 은백색의 딱딱한 고체로 기계나 도구를 만드는 데 중요하게 쓰이지요.

은백색의 가벼운 원소 알루미늄은 음료수의 캔을 만드는 데 쓰인답니다.

이런 원소들의 종류를 간단히 표시하기 위하여 기록한 기호가 있는데, 이를 원소 기호라고 해요. 수소는 H, 산소는 O, 철은 Fe와 같이 나타내요.

몸에 꼭 필요한 영양소!

음식물에 있는 성분 중에서 몸을 구성하고 에너지를 만드는 원료가 되는 것을 영양소라고 해요.

단백질은 세포를 구성하고 에너지를 만드는 데 꼭 필요한 영양소예요. 고기, 우유, 콩 등에 많이 들어 있지요.

탄수화물은 탄소, 수소, 산소의 세 원소가 화합하여 이루어진 영양소로 쌀, 빵, 과자에 많이 들어 있어요.

지방은 흔히 '기름'이라고 해요. 에너지를 만들고 몸을 구성하는 데 필요한 영양소로 땅콩과 같은 견과류에 들어 있어요.

비타민(vitamin)은 신체가 커 나가고 활동을 하는 데 꼭 필요해요. 버섯, 채소, 과일에 들어 있지요.

▶ **규소**(硅규소 규 素)
흙, 점토, 암석 등에 들어 있는 원소

■ **철**(鐵쇠 철)
은백색의 딱딱한 고체 원소로 자철석 따위에서 얻음

■ **알루미늄**(aluminium)
은백색의 가볍고 부드러운 원소

■ **원소 기호**
(元 素 記기록할 기 號부호 호)
원소의 종류를 기록한 기호

■ **영양소**
(營지을 영 養기를 양 素)
몸을 구성하고 에너지를 만드는 원료가 되는 것

■ **단백질**
(蛋새알 단 白흰 백 質바탕 질)
세포를 구성하고 생명을 유지하는 데 꼭 필요한 영양소

■ **탄수화물**
(炭숯 탄 水化 物물건 물)
탄소, 수소, 산소의 세 원소가 화합하여 이루어진 영양소

■ **지방**(脂기름 지 肪기름 방)
기름

■ **비타민**(vitamin)
신체가 커 나가고 활동을 하는 데 없어서는 안 되는 영양소

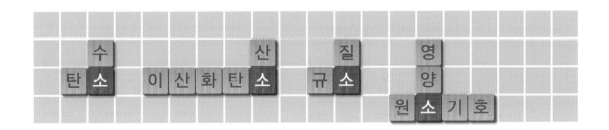

하늘이 갑자기 어두워지면서 번쩍번쩍 번개가 치고, 우르릉 쾅쾅! 천둥이 칠 때가 있죠?

구름과 구름, 구름과 땅 사이에서 아주 센 정전기가 일어날 때 빛으로 보이는 것이 번개이고, 커다란 소리로 울리는 것이 천둥이에요. 공중에서 전기의 방전이 일어나 불꽃이 번쩍인 것이지요. 여기서 전기(電氣)는 '번개 전(電)'에 '기운 기(氣)'를 더한 말로, 번개를 일으키는 물질 안에 있는 전자들이 움직여서 생기는 에너지, 빛, 열 등을 말해요. 그럼 전기와 관련된 낱말을 더 자세히 알아볼까요?

번쩍번쩍, 전기와 관련될 땐 번개 전(電)

건조한 겨울날 겉옷을 벗을 때 전기가 오는 것처럼 찌릿찌릿하거나, 머리를 빗을 때 머리카락이 빗에 달라붙는 걸 경험해 봤나요?
이 현상은 전기를 문질러서 일으킨다고 해서 마찰 전기라고도 하고, 흐르지 않고 그 자리에 머물러 있다고 해서 정전기라고도 해요.
전기와 관련된 낱말을 더 알아봐요.
전기가 그 물체의 한 부분에서 점차 다른 부분으로 옮아가는 건 전도, 전기의 흐름은 □류,

電	氣
전기 전	기운 기

번개를 일으키는 물질 안에 있는 전자들이 움직여서 생기는 에너지, 빛, 열

번개
자연에서 일어나는 아주 센 정전기 현상

천둥
자연에서 일어나는 아주 센 정전기가 일어날 때 울리는 큰 소리

마찰 전기
(摩갈 마 擦비빌 찰 電氣)
마찰에 의하여 발생하는 전기

정전기(靜고요할 정 電氣)
흐르지 않고 그 자리에 머물러 있는 전기

전도(傳전할 전 導통할 도)
전기가 그 물체의 한 부분에서 점차 다른 부분으로 옮아감

전기가 흐르는 줄은 ☐선,

유리알로 되어 있으며 전기를 통해 빛을 내는 물건은 ☐구,

전류의 세기는 ☐압,

전기 힘으로 움직이는 기계는 ☐동기,

전기를 담아서 필요할 때 쓸 수 있게 만든 물건은 ☐지, 또는 건
☐지,

전지에 전기를 채워 넣는 것은 충☐이에요.

흐르는 전기

전기는 다양한 곳에 이용되
고, 또 이용 방법에 따라 다
르게 흘러요. 건전지, 전
구, 전선 등에서 전기가 흐
르는 길을 전기 회로라고 해

이건 **직렬** 회로! 전구가 더 밝아!

이건 **병렬** 회로! 전지를 더 오래 쓸 수 있지!

직렬   병렬

요. 접속 방법에 따라 직렬 회로와 병렬 회로 방식이 있어요.

직렬 회로는 전지나 전구를 2개 이상 연결할 때, 한 줄로 연결하여
전류가 흐르는 길이 하나인 회로예요.

병렬 회로는 한 줄로 연결하지 않고 갈라서 전류가 나란히 흐르게
연결한 회로예요.

전지를 직렬로 연결하면 연결한 전지의 개수만큼 전압이 세져요.
반대로 전지를 병렬로 연결하면 전압은 세지지 않지만 오래 사용할
수 있어요.

전류(電 流흐를 류)
전기의 흐름

전선(電 線줄 선)
전기가 흐르는 줄

전구(電 球공 구)
전기를 통해 빛을 내는 물건

전압(電 壓누를 압)
전류의 세기

전동기(電 動움직일 동 機틀 기)
전기 힘으로 움직이는 기계

전지(電 池못 지)
전기를 담아서 필요할 때 쓸 수
있게 만든 물건 = 건전지

충전(充채울 충 電)
전지에 전기를 채워 넣는 것

전기 회로
(電氣 回돌 회 路길 로)
전기가 흐르는 길

직렬(直곧을 직 列줄 렬) **회로**
전지나 전구를 한 줄로 연결하
여 전류가 흐르는 길이 하나인
회로

병렬(竝나란할 병 列) **회로**
전지나 전구를 갈라서 전류가
나란히 흐르게 연결한 회로

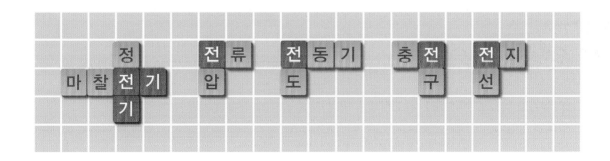

씨낱말 블록 맞추기

원 소

① [보기]의 낱말과 관련이 있고, 물질의 근원이 되는 바탕을 뜻하는 낱말을 쓰세요.

보기 | 규 소 | 산 소 | 탄 소 | → | ☐☐

② 주어진 낱말을 넣어 문장을 완성하세요.

1) 탄 / 규 소

숯·석탄, 다이아몬드의 주요 성분인 물질은 ☐☐,
흙, 점토, 암석 등에 들어 있는 원소는 ☐☐지.

2) 수 / 산 소

공기의 주성분으로 우리가 숨을 쉬는 데 꼭 필요한 원소는
☐☐, 가장 가벼운 기체 원소로 물을 이루는 원소는
☐☐야.

③ 문장에 어울리는 낱말을 골라 ○표 하세요.

1) 은백색의 가볍고 부드러운 원소로 건축, 화학 분야에 널리 쓰는 원소는
(알루미늄 / 산소)(이)야.

2) 공기의 대부분을 차지하는 원소는 (질소 / 탄소)야.

④ 예문에 어울리는 낱말을 써 넣으세요. [과학]

다음은 우리 몸이 정상적으로 활동하기 위해 꼭 필요한 영양소들이다.
☐☐☐☐은 탄소, 수소, 산소의 세 원소가 화합하여 이루어
진 영양소로 쌀, 빵에 많이 들어 있다. ☐☐은 흔히 '기름'이라고
하는 것으로 에너지를 주는 영양소지만, 너무 많이 섭취하면 비만이 될
수도 있다.

원소
산소
질소
수소
탄소
이산화 탄소
규소
철
알루미늄
원소 기호
영양소
단백질
탄수화물
지방
비타민

씨낱말 블록 맞추기

전 기

1 공통으로 들어갈 낱말을 쓰세요.

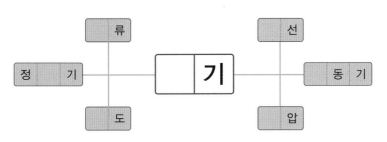

2 주어진 낱말을 넣어 문장을 완성하세요.

1) 정 전 기 / 압

전류의 세기를 ☐☐ 이라 하고, 흐르지 않고 그 자리에 머물러 있는 전기를 ☐☐☐ 라고 해요.

2) 전 선 / 류

전기의 흐름은 ☐☐ 이고, 전기가 흐르는 줄은 ☐☐ 이에요.

3 문장에 어울리는 낱말을 골라 ○표 하세요.

1) 하늘이 갑자기 어두워지면서 번쩍번쩍 (천둥 / 번개)가 쳤다.
2) 휴대 전화 건전지가 다 떨어졌는데, (충전기 / 전동기)를 가져오지 않았네.

4 예문에 어울리는 낱말을 써 넣으세요. [과학]

☐☐ 는 물질 안에 있는 전자들이 움직여서 생기는 에너지, 빛, 열 들을 말한다. 일상생활에서 자주 사용하는 가전제품을 비롯해서 공장 의 기계, 가로등 등 수많은 곳에 쓰인다. 이렇게 ☐☐ 를 이용하 려면 필요한 곳에 전기가 흐르게 해야 한다. 건전지, 전구, 전선에서 전기가 흐르는 길을 ☐☐☐☐ 라고 한다. 접속 방법에 따 라 직렬 회로와 병렬 회로 방식이 있다.

전기
번개
천둥
마찰 전기
정전기
전도
전류
전선
전구
전압
전동기
전지
건전지
충전
전기 회로
직렬 회로
병렬 회로

다툼이 치열했던 전국 시대

씨낱말 / 교과 내용어

넓은 영토와 세계에서 가장 많은 인구를 가진 중국은 아주 오랫동안 나라의 건국과 멸망을 반복했어요. 중국 역사상 가장 오랜 시간의 분열기는 춘추 전국 시대였어요. 춘추 전국 시대는 싸움과 세력 다툼이 치열했던 춘추 시대와 전국 시대를 합해서 부르는 말이에요. 이제껏 중국을 지배했던 나라를 보며 중국의 역사를 훑어봐요.

중국 최초의 왕조 은나라부터 삼국 시대까지

은(殷)은 고대 중국에 처음으로 들어선 나라예요.

주(周)는 무왕이 은나라를 무너뜨리고 세운 왕조예요. 주는 기원전 771년 유목 민족이 침입하자 도읍을 옮겼는데, 이 사건 이전을 서주(西周), 그 이후를 동주(東周)라고 불러요.

이때부터 주는 이름만 있을 뿐이고 사실상 여러 나라로 나뉘어 서로 싸우기만 했어요. 이 시기를 춘추 시대(春秋時期)라고 해요.

전국 시대(戰國時代)는 주 왕실마저 없어진 시기로 200여 년 동안 '칠웅'이라 불리는 강국들이 힘을 겨뤘어요.

주 멸망 후, 진(秦)이 세워져요. 이후 한(漢)고조 유방은 진을 무너뜨리고 한을 세웠어요. 약 400년 동안 다스렸는데, 왕망에게 나라

戰 國 時 代
싸울 전 / 나라 국 / 때 시 / 시대 대
전 / 국 / 시 / 대

200여 년 동안 '칠웅'이라 불리는 강국들이 힘을 겨루던 시대

■ 은(殷)
고대 중국에 처음 들어선 나라

■ 주(周)
은을 무너뜨리고 세운 왕조

■ 춘추 전국 시대(春봄 춘 秋가을 추 戰國時代)

■ 춘추 시대(春秋時期)
주의 세력이 약해지자 오랫동안 여러 나라로 나뉘어 싸우던 시대

■ 진(秦)
처음 중국을 통일한 왕조

■ 한(漢)
고조 유방이 400여 년 동안 중국을 다스렸던 강대한 나라

■ 황건적의 난

를 뺏기기 전을 전한(前漢), 유수가 되찾은 이후를 후한(後漢)이라 해요. 후한은 농민들이 일으킨 황건적의 난으로 나라가 위태로웠어요. 이때부터를 삼국(三國) 시대라고 하는데 위, 촉, 오, 세 나라가 다툼을 벌였어요.

삼국을 통일한 위나라부터 근대의 청나라까지

위(魏)의 신하였던 사마염은 점점 세력을 키워 위(魏)의 왕권을 빼앗고 진(晉)을 세웠어요. 진이 허약해지자 5호 16국 시대가 이어졌어요. 다섯 호족(흉노, 갈, 선비, 저, 강)이 세운 13국과 한족이 세운 3국을 말해요.

5호 16국 시대 이후 북쪽은 북위가 통일하고 남쪽은 한족이 세운 왕조가 나타나요. 이때를 남북조(南北朝)라고 해요.

이후 양견이 남과 북을 통일해 수(隋)를 세웠어요.

이연은 수를 멸망시키고 당(唐)을 세웠어요.

송(宋)은 조광윤이 세운 나라예요. 금(金)의 침입을 받아 도읍을 옮길 때까지를 북송(北宋), 이후를 남송(宋宋)이라고 해요.

송이 쇠락하자 여진족은 남송을 무너뜨리고 금(金)을 세웠지요.

원(元)은 유목 민족인 몽골족이 금을 무너뜨리고 세운 왕조예요.

주원장은 원을 몰아내고 명(明)을 세웠어요.

그리고 청(淸)은 누르하치가 세운 나라로 중국의 마지막 왕조예요.

▸ **삼국(三國)**
'위', '오', '촉' 세 나라가 들어선 시대

▸ **위(魏)**
'촉'과 '오'를 제압하고 세운 나라

▸ **진(晉)**
사마염이 중국을 통일해서 세운 나라

▸ **5호16국**
5호(흉노, 갈, 선비, 저, 강)가 세운 13국과 한족이 세운 3국

▸ **남북조(南北朝)**
북쪽은 북위가 통일하고 남쪽은 한족이 세운 왕조가 나타난 시대

▸ **수(隋)**

▸ **당(唐)**

▸ **송(宋)**
조광윤이 세운 나라

▸ **금(金)**
여진족이 남송을 무너뜨리고 세운 왕조

▸ **원(元)**
몽골족이 금을 정복하고 세운 왕조

▸ **명(明)**
주원장이 원을 몰아내고 세운 한족의 왕조

▸ **청(淸)**
중국의 마지막 왕조

옛날 중국의 한나라와 초나라가 싸움을 벌이다가 초나라의 항우와 군사들은 한나라 군사들에게 포위되었어요. 그때 사방을 에워싼 한나라 군대 속에서 포로로 잡혀 있던 초나라 병사들이 부르는 슬픈 노랫소리가 들려왔어요.

이 노랫소리를 들은 항우는 초나라가 이미 한나라에 점령당했다고 생각했어요. 항우는 이로 인해 싸울 의욕을 점점 잃어 갔지요. 이 일화에서 유래한 말이 사면초가예요.

'사방에서 들려오는 초나라의 노랫소리'라는 뜻으로 누구의 도움도 받을 수 없는 외롭고 곤란한 상태를 말해요.

사면초가와 같이 중국 역사에 얽힌 고사성어를 더 알아볼까요?

포악한 왕과 어진 선비들

은나라의 주왕은 무척 사치스러웠어요. 술은 연못을 채울 만큼 있었고 고기는 숲과 같이 많이 있었어요. 여기에서 유래한 고사성어가 주지육림이에요. 술이 연못을 이루고 고기가 숲을 이룰 만큼 호화롭고 방탕한 생활을 하는 것을 일컫는 말이에요.

중국에는 수많은 뛰어난 스승과 온갖 학파가 있었어요. 바로 제자

四	面	楚	歌
넉	방면	초나라	노래
사	면	초	가

사방에서 들려오는 초나라의 노랫소리 / 누구의 도움도 받을 수 없는 상태

■ **주지육림**(酒술 주 池연못 지 肉고기 육 林숲 림)
술이 연못을 이루고 고기가 숲을 이룸 / 호화롭고 방탕한 생활을 이르는 말

■ **제자백가**(諸모두 제 子스승 자 百온갖 백 家학파 가)
수많은 뛰어난 스승과 온갖 학파

백가예요. 자(子)는 공자, 맹자처럼 뛰어난 스승, 가(家)는 학파라는 뜻이에요.

진(秦)의 시황제는 중국 역사상 처음으로 통일 제국을 세웠어요. 그런데 이 진시황은 책 내용을 바탕으로 자신의 정책을 비판하는 학자들이 눈에 거슬리자 책을 불태우고 선비들을 괴롭혔

흥, 나의 정책을 비판하다니! 모두 불태워 버리겠다!

어요. 이를 분서갱유라고 해요. 가혹한 정치를 뜻하는 말이에요.

중국의 진(晉)에는 어지러운 세상이 싫어서 대나무 숲으로 들어가 자연 속에서 살았던 일곱 명의 선비들이 있었어요. 이들이 대나무 숲의 일곱 현인, 죽림칠현이에요.

쓸모가 없어지면 내쫓기는 개와 같은 신세

오나라와의 싸움에서 큰 공을 세운 신하 범려는 월나라 왕이 뜻을 이루자 그의 곁을 떠났어요. 그리고 토끼 사냥이 끝나면 토끼를 잡던 개를 삶아 먹는다는 토사구팽이라는 말을 써서 친구에게 편지를 보냈어요. '사람은 쓸모가 없어지면 미련 없이 버림을 낭한다.'는 뜻을 표현한 것이지요.

능력 있는 인재를 자기편으로 만들기란 쉽지 않아요. 삼국 시대의 유비는 뛰어난 전략가 제갈량이 살고 있는 초가집을 세 번이나 찾아간 끝에 결국 제갈량의 허락을 받아 냈어요. 인재를 어렵게 얻은 것이지요. 이 이야기에서 나온 고사성어를 삼고초려라고 해요.

■ **분서갱유**(焚불사를 분 書책 서 坑구덩이 갱 儒선비 유)
책을 불태우고 선비를 구덩이에 묻음 / 가혹한 정치

■ **죽림칠현**(竹대 죽 林 七일곱 칠 賢어질 현)
대나무 숲의 일곱 현인

■ **토사구팽**(兔토끼 토 死죽을 사 狗개 구 烹삶을 팽)
토끼 사냥이 끝나면 토끼를 잡던 개를 삶아 먹음 / 사람은 쓸모가 없어지면 미련 없이 버림을 당함

■ **삼고초려**(三석 삼 顧돌아볼 고 草풀 초 廬오두막 려)
겨우 허락을 받아 냄 / 인재를 어렵게 얻는 것을 일컫는 말

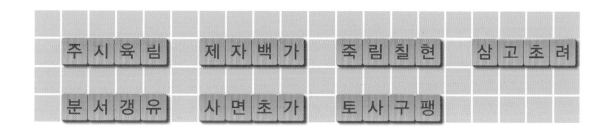

주시육림　제자백가　죽림칠현　삼고초려

분서갱유　사면초가　토사구팽

씨낱말 블록 맞추기

전 국 시 대

1 설명을 보고, 알맞은 낱말을 쓰세요.

중국에서 200년 동안 '칠웅'이라는 →
강국들이 힘을 겨루었던 시대

2 [보기]를 보고, 다음 설명에 해당하는 낱말을 쓰세요.

> **보기** 춘추 시대   전국 시대   남북조   5호 16국   은   주

1) ☐은 고대 중국에 처음으로 들어선 나라이고, ☐는 무왕이 은나라를 무너뜨리고 세운 왕조예요.

2) ☐☐☐☐는 주나라 왕실의 세력이 약해지자 오랫동안 여러 나라로 나뉘어 싸우던 시대이고, ☐☐☐☐는 200여 년 동안 '칠웅'이라 불리는 강국들이 힘을 겨루던 시대예요.

3) 진나라의 멸망 뒤에 5호가 세운 13국과 한족이 세운 3국이 들어선 시대를 ☐☐☐☐ 시대라 하고, 북쪽은 북위가 통일하고 남쪽은 한족이 세운 왕조가 나타난 시대를 ☐☐☐ 시대라고 해요.

3 내용에 맞는 나라를 골라 ○표 하세요.

1) 시황제가 처음으로 중국을 통일한 왕조는 (은 / 진)이에요.

2) 고조 유빙이 진나라를 무너뜨리고 세웠으며, 약 400여 년 동안 중국을 다스렸던 강대한 나라는 (주 / 한)이에요.

3) 후한이 멸망해 가던 시기에 조조가 세운 '위', 손권이 세운 '오', 유비가 세운 '촉' 세 나라가 들어서 세력 다툼을 벌이던 때를 (삼국 / 전국) 시대라고 해요.

4) 누르하치가 세운 나라로 중국의 마지막 왕조는 (청 / 명)이에요.

전국 시대
은
주
춘추 전국 시대
춘추 시대
진
한
황건적의 난
삼국
위
진
5호 16국
남북조
수
당
송
금
원
명
청

씨낱말
블록 맞추기

사 면 초 가

1 설명을 보고, 알맞은 낱말을 쓰세요.

사방에서 들려오는 초나라의 노랫
소리 → | | | | |

2 [보기]를 보고, 다음 설명에 해당하는 낱말을 쓰세요.

보기　　주지육림　　분서갱유　　토사구팽　　제자백가

1) 진나라의 시황제가 책을 불태우고 선비들을 구덩이에 묻은 일을 가리키
는 말로 가혹한 정치를 뜻하는 고사성어는 | | | | |야.

2) 주왕이 연못을 파서 술을 채우고 고기 안주로 숲을 만들 정도로 마음껏
먹고 즐긴 일에서 유래한 고사성어는 | | | | |이지.

3) 범려가 '토끼 사냥이 끝나면 토끼를 잡던 개를 삶아 먹는다.'는 내용의 편
지를 보낸 데에서 유래한 고사성어는 | | | | |이야.

4) 중국에 있는 수많은 뛰어난 스승과 학파를 | | | | |라고 해.

3 문장에 어울리는 낱말을 골라 ○표 하세요.

1) 아는 것이 많은 은호를 우리 모둠으로 끌어들이기 위해서는 (분서갱유 /
삼고초려)라도 해야 할까?

2) (토사구팽 / 제자백가) 당하기 전에 내가 먼저 떠나야겠다.

3) 집 안에도 집 밖에도 내 편이 아무도 없다니 (사면초가 / 주지육림)(이)
구나!

사면초가

주지육림

제자백가

분서갱유

죽림칠현

토사구팽

삼고초려

인류의 삶을 바꾼
산업 혁명

바로 **산업 혁명**의 시작!

모두가 열심히 일했어!

산업의 신세계가 열렸어!

18세기 후반 영국에서는 증기 기관이 발명됐어요. 증기의 힘을 이용해 기계를 움직이게 되자 물건을 더 많이, 빠르게 만들 수 있게 되었어요. 증기 기관은 산업에 혁명을 가져왔어요. 이것을 산업 혁명이라고 해요. 혁명은 이전의 방식이나 제도 등을 깨뜨리고 새롭게 세우는 일을 말하고요.

낡은 것은 가라, 혁명!

혁명의 이름은 혁명이 일어난 때나 곳, 특징을 중심으로 붙여져요.
1649년 영국에서는 모든 권력을 쥐고 있는 왕에 맞서 혁명을 일으키고 왕을 죽였어요. 혁명을 일으킨 사람들 대다수가 청교도였기 때문에 청교도 혁명이라고 해요.

피 한 방울 흘리지 않고 평화롭게 이룬 혁명도 있어요. 바로 1688년 영국에서 일어난 명예 혁명이에요.

1789년에는 낡은 제도를 없애고 자유롭고 평등한 사회를 만들기 위한 프랑스 혁명이 일어났어요.

자유와 평등을 위하여! **혁명**이다! 타도, 루이 16세!

産	業	革	命
낳을 산	일 업	바꿀 혁	명령 명

산업의 큰 변화

■ **혁명**(革命)
이전의 방식이나 제도 등을 깨뜨리고 새롭게 세우는 일

■ **청교도 혁명**(淸맑을 청 敎가르칠 교 徒무리 도 革命)
1649년 청교도가 일으킨 혁명

■ **명예 혁명**(名이름 명 譽명예 예 革命)
1688년 명예롭게 이룬 영국의 혁명

■ **프랑스 혁명**(革命)
1789년 프랑스에서 시작된 혁명

■ **신해 혁명**(辛여덟째 천간 신 亥돼지 해 革命)
1911년 청나라를 무너뜨린 혁명

중국에서는 신해년(1911년)에 왕조를 무너뜨리고 중화민국을 세운 신해 혁명이 일어났어요.

1910년에 일어난 멕시코 혁명은 멕시코에서, 1950년에 일어난 쿠바 혁명은 쿠바에서 일어난 혁명이지요. 둘 다 독재에 반대해서 일어난 혁명이에요.

한 발도 양보할 수 없다, 전쟁!

1950년 6월 25일 한국에서 일어난 전쟁을 한국 전쟁, 1960년 베트남과 미국이 베트남에서 벌인 전쟁을 베트남 전쟁이라고 하죠? 전쟁의 이름도 나라나 지역, 특징 등을 중심으로 붙여져요.

페르시아 전쟁은 페르시아가 그리스로 쳐들어간 전쟁이에요.

포에니 전쟁은 로마와 카르타고가 싸운 전쟁이에요. 포에니는 옛 카르타고 주민을 가리키는 말이지요.

영국과 프랑스가 백여 년 동안 벌인 전쟁은 백 년 전쟁이에요.

청나라와 영국이 아편 문제를 둘러싸고 벌인 전쟁은 아편 전쟁,

미국에서 노예 제도를 놓고 남부와 북부로 나뉘어 벌인 전쟁은 남북 전쟁이에요.

1991년 걸프 지역에서 미국, 영국을 중심으로 한 여러 나라 군대와 이라크 간에 벌어진 전쟁은 걸프 전쟁이에요. 페르시아만을 영국은 걸프라고 불러요.

미국과 영국 등 연합군이 2003년 이라크를 공격한 전쟁은 이라크 전쟁이고요.

끝없이 이어지고 있는 전쟁, 전쟁이 없는 세상은 언제쯤 올까요?

■ 멕시코 혁명(革命)
■ 쿠바 혁명(革命)
■ 한국 전쟁(韓나라 한 國나라 국 戰싸움 전 爭다툴 쟁)
1950년 6월 25일 한국에서 일어난 전쟁
■ 베트남 전쟁(戰爭)
베트남과 미국이 벌인 전쟁
■ 페르시아 전쟁(戰爭)
페르시아가 그리스로 쳐들어간 전쟁
■ 포에니 전쟁(戰爭)
로마와 카르타고가 벌인 전쟁
■ 백 년 전쟁(百일백 백 年해 년 戰爭)
영국과 프랑스가 백여 년 동안 벌인 전쟁
■ 아편 전쟁(阿언덕 아 片조각 편 戰爭)
청나라와 영국이 아편 문제를 둘러싸고 벌인 전쟁
■ 남북 전쟁(南녘 남 北녘 북 戰爭)
미국에서, 남부와 북부로 나뉘어 벌인 전쟁
■ 걸프 전쟁(戰爭)
걸프 지역에서 벌어진 전쟁
■ 이라크 전쟁(戰爭)
연합군이 이라크를 공격한 전쟁

명예혁명 프랑스혁명 신해혁명
한국전쟁 베트남전쟁 아편전쟁

법의 기초가 된 권리 장전

권리 장전

알았어, 찍는다고!

자, 이 권리 장전에 도장을 찍으시오!

장전은 법칙이나 규칙을 적은 글이에요. 권리 장전은 영국의 명예 혁명의 결과로 이루어진 권리 선언으로, 영국과 더불어 미국 외 여러 나라들은 이것을 기초로 법과 제도를 만들었어요.

법은 지켜야 할 법칙이고 제도는 사회 구조의 체계예요.

법이나 제도와 관련된 낱말들을 잘 알아 두면 세계사를 공부하는 데 많은 도움이 될 거에요.

세계사의 법과 관련된 낱말

1215년 영국의 귀족들은 국왕이 나라를 잘 다스리지 못하자 왕의 권력을 줄이기로 했어요. 왕은 귀족들에게 '왕권을 줄인다'는 내용의 문서를 받았지요. 이 문서를 대헌장 또는 마그나 카르타라고 해요. 이는 이후 영국 헌법의 바탕이 되었어요. 헌법은 나라를 다스리는 데 가장 기초가 되는 최고 법이에요.

제2차 세계 대전 때에는 미국과 영국이 만나 대서양 헌장을 발표했어요. 대서양 헌장은 제2차 세계 대전 때, 전쟁 이후의 평화 원칙을 밝힌 것이에요.

헌장은 어떠한 사실에 대하여 약속을 실제로 행하려고 정한 법적인

權 권세 권 **利** 이로울 리 **章** 글 장 **典** 법 전
권 · 리 · 장 · 전

1689년에 만들어진 자유와 권리를 선언한 영국의 법률

- **장전(章典)**
  법칙이나 규칙을 적은 글

- **법(法** 법 법 **)**
  지켜야 할 법칙

- **제도(制** 법도 제 **度** 법도 도 **)**
  사회 구조의 체계

- **대헌장(大** 클 대 **憲** 법 헌 **章)**
  1215년 영국 국왕의 왕권을 줄인다는 내용의 문서 = 마그나 카르타

- **헌법(憲法)**

- **대서양 헌장(大 西** 쪽 서 **洋** 큰 바다 양 **憲章)**
  제2차 세계 대전 때, 전쟁 이후의 평화 원칙을 밝힌 것

- **헌장(憲章)**

규범이에요. 법에 따른 힘을 가지고 있지요.

세계사의 제도를 나타내는 낱말

제도를 나타내는 말은 맨 끝에 '제도'를 붙이거나 '제' 자만 붙여요. 중세 시대에 왕이 여러 신하에게 땅을 나누어 주어 다스리게 한 제도는 봉건 제도예요. 땅의 주인이 된 영주는 성을 쌓고 장원이라는 마을을 만들어 다스렸어요. 이것이 장원 제도예요. 장원에서는 봄에 씨를 뿌리는 춘경지, 가을에 씨를 뿌리는 추경지, 쉬는 휴경지의 셋으로 나누어 번갈아 농사를 지었어요. 이것을 삼포제라고 해요.

인도에는 승려 계급인 브라만, 귀족과 무사 계급인 크샤트리아, 평민인 바이샤, 노예인 수드라로 신분을 네 계급으로 나눈 카스트 제도가 있어요.

조용조 제도는 중국의 수나라에서 당나라에 걸쳐 완성된 세금 제도예요. 맨 앞의 '조'는 토지, '용'은 사람에 대한 세금이고, 끝의 '조'는 한 가구당 내야 하는 특산품을 말해요.

균전제는 수나라, 당나라 때 실시한 토지 제도예요. 토지를 백성들에게 고루 균등하게 나누어 주는 제도지요.

고대 도시 국가 아테네에서는 도자기 파편에 국가에 해를 끼칠 것 같은 사람의 이름을 적어서 비밀 투표를 했어요. 이렇게 가려낸 사람을 나라 밖으로 추방하는 제도가 도편 추방제랍니다.

자, 줄 서시고 **도편 추방제**에 따라 투표 중입니다!

봉건 제도

(封봉할 봉 建세울 건 制度)
중세 시대에 왕이 여러 신하에게 땅을 나누어 주어 다스리게 한 제도

장원 제도

(莊본토 장 園구역 원 制度)
영주가 마을을 만들어 다스리던 제도

삼포제(三석 삼 圃밭 포 制)
땅을 셋으로 나누어 번갈아 농사짓는 제도

카스트 제도(制度)
신분을 네 계급으로 나눈 인도의 제도

조용조 제도(租조세 조 庸사람 용 調세금 조 制度)
중국의 수나라에서 당나라에 걸쳐 완성된 세금 제도

균전제(均고를 균 田밭 전 制)
토지를 백성들에게 고루 나누어 주는 제도

도편 추방제(陶질그릇 도 片조각 편 追쫓을 추 放놓을 방 制)
도자기 파편에 비밀 투표하여 국가에 해를 끼칠 것 같은 사람을 추방하는 제도

마그나카르타　대서양헌상　봉건제도
카스트제도　조용조제도　도편추방제

산 업 혁 명

1 공통으로 들어갈 낱말을 쓰세요.

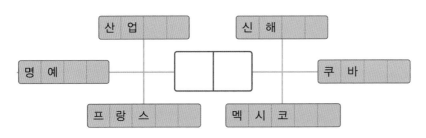

2 [보기]를 보고, 다음 설명에 해당하는 낱말을 쓰세요.

| 보기 | 백 년 전쟁 | 아편 전쟁 | 산업 혁명 | 프랑스 혁명 |

1) 18세기 후반 영국에서 시작된 산업의 큰 변화를 ☐☐☐☐ 이라고 해.

2) 1789년 프랑스에서 낡은 제도를 없애고 자유롭고 평등한 사회를 만들기 위해 일어난 혁명은 ☐☐☐☐☐ 이야.

3) 영국과 프랑스가 백여 년 동안 벌인 전쟁은 ☐☐☐☐ 이야.

4) 청나라와 영국은 아편 문제 때문에 ☐☐☐ 을 일으켰어.

3 문장에 어울리는 낱말을 골라 ○표 하세요.

1) 1649년 청교도인들이 권력을 쥔 왕을 죽인 혁명은 (청교도 / 명예) 혁명이다.

2) 신해년(1911) 청나라를 무너뜨리고 중화민국을 세운 혁명은 (쿠바 혁명 / 신해 혁명)이다.

3) 1991년 걸프 지역에서 미국, 영국 등의 군대와 이라크 간에 벌어진 전쟁은 (걸프 전쟁 / 이라크 전쟁)이다.

산업 혁명

혁명

청교도 혁명

명예 혁명

프랑스 혁명

신해 혁명

멕시코 혁명

쿠바 혁명

한국 전쟁

베트남 전쟁

페르시아 전쟁

포에니 전쟁

백 년 전쟁

아편 전쟁

남북 전쟁

걸프 전쟁

이라크 전쟁

씨낱말 블록 맞추기

권 리 장 전

1 설명을 보고, 알맞은 낱말을 쓰세요.

1689년에 만들어진 자유와 권리를 → [ ][ ][ ][ ]
선언한 영국의 법률

2 주어진 낱말을 넣어 문장을 완성하세요.

1)
헌	법
장	

나라를 다스리는 데 기초가 되는 최고 법은 [ ][ ], 어떠한 사실에 대하여 약속을 실제로 행하려고 정한 법적 규범은 [ ][ ]이야.

2)
	장
	원
	제
봉	건	제	도

중세 시대에 왕이 신하들에게 땅을 나누어 주어 다스리게 한 제도는 [ ][ ][ ][ ], 영주가 성을 쌓고 장원이라는 마을을 만들어 다스린 제도는 [ ][ ][ ][ ]야.

3)
	균
	전
삼	포	제

땅을 셋으로 나누어 번갈아 농사를 짓는 제도는 [ ][ ][ ], 수나라, 당나라 때 토지를 백성들에게 고루 균등하게 나누어 주던 제도는 [ ][ ][ ]다.

3 문장에 어울리는 낱말을 골라 ○표 하세요.

1) 법칙이나 규칙을 적은 글은 (헌법 / 장전)이다.

2) 명예 혁명의 결과로 1689년에 만들어진 영국의 법률은 (권리 장전 / 마그나 카르타)이다.

3) (카스트 제도 / 조용조 제도)는 신분을 네 계급으로 나눈 인도의 계급 제도이다.

4) 도자기 파편에 비밀 투표를 해서 가려낸 사람을 추방하는 제도는 (장원 제도 / 도편 추방제)이다.

권리 장전

장전

법

제도

대헌장

마그나 카르타

헌법

대서양 헌장

헌장

봉건 제도

장원 제도

삼포제

카스트 제도

조용조 제도

균전제

도편 추방제

밀라노에서 발표한 밀라노 칙령

씨낱말 · 교과 내용어

칙 령

와!
밀라노 **칙령**이
발표됐다!

와

와

와

(인정하긴 싫지만)
기독교를 인정하노라.

먼 옛날 로마의 지배를 받던 사람들 중에는 기독교인들이 많이 있었어요. 로마는 기독교 신앙이 로마 제국을 위협한다고 생각했어요. 하지만 기독교는 더 멀리 퍼져 나갔어요. 결국 313년 로마 황제는 기독교를 인정하는 칙령을 발표했어요. 밀라노에서 발표해 밀라노 칙령이라고 해요. 칙령은 임금이 내린 명령이에요.
이처럼 장소나 사람 이름이 붙은 세계적인 사건을 알아볼까요?

역사적 사건이 일어난 장소들

난징 조약은 불평등으로 조약으로, 1842년 아편 전쟁을 끝내기 위해 영국과 청나라가 난징에서 맺은 조약이에요.
1905년 발표한 벵골 분할령은 영국이 인도를 지배할 당시 벵골 지방을 나누어 다스리겠다고 한 법령이에요.
베르사유 조약은 제1차 세계 대전의 비극을 되풀이하지 않기 위해 1919년에 31개 연합국과 독일이 베르사유 궁전에서 맺은 평화 조약이에요.
바이마르 헌법은 1919년에 만들어진 독일 공화국의 헌법이에요. 바이마르의 국민 의회에서 만들어 바이마르 헌법이라고 해요.

勅 칙서 칙 **令** 명령 령

임금이 내린 명령

■ **밀라노 칙령**(勅 令)
밀라노에서 로마 황제가 발표한 기독교를 인정하는 내용의 칙령

■ **난징 조약**(條조항 조 約약속 약)
난징에서 맺은 불평등 조약

■ **벵골 분할령**(分나눌 분 割벨 할 令)
영국이 인도의 벵골 지방을 나누어 다스리겠다고 한 법령

■ **베르사유 조약**(條約)
베르사유 궁전에서 연합국과 독일이 맺은 조약

■ **바이마르 헌법**(憲법 헌 法법 법)
바이마르에서 만들어진 독일 공화국의 헌법

미드웨이 해전은 1942년 태평양의 미드웨이섬 근처에서 미국과 일본 사이에서 벌어진 싸움이고, 노르망디 상륙 작전은 제2차 세계 대전 때 연합군이 노르망디에 상륙한 작전이에요.

바르샤바 조약은 1955년 바르샤바에서 동유럽 8개 나라가 서로 돕기 위해 맺은 조약이에요.

사람의 이름이 들어간 세계사 용어들

나폴레옹 법전은 나폴레옹 1세가 만든 법전이고, 유스티니아누스 법전은 유스티니아누스 1세의 명령으로 만들어진 법전이에요.

함무라비 법전은 고대 바빌로니아의 함무라비 왕이 만든 법전으로, 세계에서 가장 오래된 글자로 알려진 설형 문자로 쓰였지요. 법전은 나라에서 법을 총정리하여 체계적으로 만든 책이에요.

1905년 일본과 미국은 미국의 필리핀 지배와 일본의 대한 제국 지배를 서로 인정하는 약속을 맺었어요. 일본의 총리 가쓰라와 미국의 특사 태프트가 비밀로 맺은 협약이 가쓰라-태프트 밀약이에요.

제2차 세계 대전 후 유럽은 경제적으로 어려움을 겪었어요. 이때 미국이 유럽을 돕기 위한 계획을 세웠는데, 당시 미국 장관이었던 마셜의 이름을 따서 이 계획이 마셜 플랜이 되었어요.

미국의 필리핀 지배를 일본이 확인해 줄 테니 미국도 우리가 대한 제국을 지배하는 걸 인정해 줘.

그러지 뭐. 인정! 이제 이건 **가쓰라-태프트 밀약**이야.

■ **미드웨이 해전**(海바다 해 戰싸움 전)
미드웨이섬 근처에서 벌어진 싸움

■ **노르망디 상륙 작전**(上윗 상 陸뭍 륙 作지을 작 戰)
제2차 세계 대전 때 연합군이 노르망디에 상륙한 작전

■ **바르샤바 조약**(條約)
바르샤바에서 동유럽 8개 나라가 맺은 조약

■ **나폴레옹 법전**(法법 典법 전)
나폴레옹 1세가 만든 법전

■ **유스티니아누스 법전**(法典)
유스티니아누스 1세의 명령으로 만들어진 법전

■ **함무라비 법전**(法典)
고대 바빌로니아의 함무라비 왕이 만든 법전

■ **법전**(法典)
나라에서 법을 총정리하여 체계적으로 만든 책

■ **가쓰라-태프트 밀약**(密비밀 밀 約)
일본의 총리 가쓰라와 미국의 특사 태프트가 비밀로 맺은 협약

■ **마셜 플랜**
마셜이 세운 계획

난	징	조	약		바	르	샤	바	조	약		미	느	웨	이	해	전

베	르	사	유	조	약		함	무	라	비	법	전		마	셜	플	랜

위대한 역사 인물

역사 인물
ㅈ ~ ㅎ

바닷길로 시작해서 육로로 인도를 다 돌았네! 이 여행을 〈왕오천축국전〉에 기록해야지.

혜초는 통일 신라 때의 스님이에요. 인도에 있는 5개의 지역을 여행하면서 자신이 보고 들은 것을 기록해 〈왕오천축국전〉이라는 유명한 기행문을 남겼어요. 혜초 스님처럼 자신의 분야에서 최선을 다해 위대한 업적을 남긴 인물들을 더 알아볼까요?

고구려를 세운 주몽, 화약을 만든 최무선

주몽은 고구려의 시조인 동명 성왕의 이름이에요. 〈삼국사기〉에 따르면 주몽은 물을 다스리는 신인 하백의 딸, 유화가 낳은 알에서 나왔다고 해요.

장보고는 통일 신라 때 청해진을 설치하여 해적을 소탕하고, 동아시아 바다를 누볐던 '해상왕'이에요. 청해진은 지금의 전라남도 완도에 있는데 신라와 당나라, 일본 사이의 무역 중심지였어요.

정중부는 고려 때의 장군이에요. 정중부는 군인인 무신과 선비인 문신을 차별하는 사회 제도에 분노해서, 문신을 죽이고 정권을 장악하는 무신정변을 일으켰어요.

정몽주는 고려 말기에 이성계가 조선을 세우는 걸 반대하고, 고려에 대한 절개를 지켰던 학자예요.

혜 초 (704~787)

통일 신라 때의 승려. 인도 기행문 〈왕오천축국전〉을 남김.

- **주몽**(기원전 58~기원전 19)
  고구려의 시조 동명 성왕
- **장보고**(?~846)
  통일 신라 때 청해진을 설치하여 해적을 소탕한 장군
- **정중부**(1106~1179)
  고려 때 무신을 차별하는 것에 분노해서 무신정변을 일으킨 장군
- **정몽주**(1337~1392)
  고려 말기에 이성계가 조선을 세우는 걸 반대하고, 고려에 대한 절개를 지켰던 학자

최무선은 고려 말기~조선 초기의 관리이자 뛰어난 무기 발명가였어요. 중국 원나라 사람 이원에게서 화약 제조법을 배운 뒤, 화포·화통·화약 등을 만들었어요.

조선의 대표적 발명가 장영실, 국어학자 주시경

장영실은 조선 세종 때의 과학자이자 발명가예요. 우리나라 최초의 물시계인 자격루를 만들었고, 세계 최초로 측우기를 발명했어요.

정약용은 조선 후기의 실학을 크게 발달시킨 학자예요. 관리들이 지켜야 할 지침을 밝힌 책 〈목민심서〉를 지었죠. 또 거중기를 이용해 수원 화성을 지었어요.

전봉준은 조선 후기에 일어난 동학 농민 운동의 지도자예요. '녹두장군'으로 불렸으며 백성들을 괴롭히고 수탈하는 관리들에게 항거했어요. 관군과 일본군에 패하여 처형되었지만, 백성들의 정신적 지주가 되었어요.

한용운은 일제 강점기의 승려이자 시인, 독립운동가예요. 민족 시인으로 나라를 잃은 현실을 〈님의 침묵〉이라는 시로 표현하였고, 나라를 위해 험한 일도 마다하지 않고 독립운동을 계속해 나간 인물이에요.

주시경은 일제 강점기에 한글의 연구와 교육에 힘써서 일제 침략에 항거한 국어학자예요.

백성을 수탈하는 관리들에게 맞서 싸우자!

우아!

최무선(1325~1395)
고려 말기~조선 초기의 관리이자 뛰어난 무기 발명가

장영실(출생 미상)
조선 세종 때의 과학자이자 자격루 등을 만든 발명가

정약용(1762~1836)
조선 후기의 실학을 크게 발달시킨 학자

전봉준(1855~1895)
조선 후기에 일어난 동학 농민 운동의 지도자

한용운(1879~1944)
일제 강점기의 승려이자 시인, 독립운동가

주시경(1876~1914)
일제 강점기에 한글의 연구와 교육에 힘써서 일제 침략에 항거한 국어학자

주 몽   장 보 고   정 중 부   정 몽 주   장 영 실

혜 초   정 약 용   전 봉 준   한 용 운   주 시 경

씨낱말
블록 맞추기

칙 령

1 설명을 보고, 알맞은 낱말을 쓰세요.

313년 로마 황제가 밀라노에서
발표한, 기독교를 인정한다는 칙령 → ☐☐☐☐☐

2 [보기]를 보고, 다음 설명에 해당하는 낱말을 쓰세요.

| 보기 | 벵골 분할령　　바이마르 헌법　　미드웨이 해전　　난징 조약 |

1) 1842년 아편 전쟁을 끝내기 위해 영국과 청나라가 난징에서 맺은 조약
은 ☐☐☐☐이야.

2) 1905년 영국이 인도를 지배할 당시 벵골 지방을 나누어 다스리겠다고
발표한 법령은 ☐☐☐☐☐이라고 해.

3) 1919년 바이마르의 국민 의회에서 만들어진 독일 공화국의 헌법은
☐☐☐☐☐☐이라고 해.

4) 1942년 태평양의 미드웨이섬 근처에서 미국 해군과 일본 해군 사이에
서 벌어진 싸움은 ☐☐☐☐☐☐이지.

3 문장에 어울리는 사건을 골라 ○표 하세요.

1) 제1차 세계 대전 후 프랑스의 베르사유 궁전에서 연합국과 독일이 맺은
조약은 (베르사유 조약 / 바르샤바 조약)이다.

2) 유스티니아누스 1세의 명령으로 만들어진 법전은 (유스티니아누스 법전
/ 함무라비 법전)이다.

3) 1905년 일본의 총리 가쓰라와 미국의 특사 태프트가 비밀로 맺은 협약
은 (나폴레옹 법전 / 가쓰라-태프트 밀약)이다.

| 칙령 |
| 밀라노 칙령 |
| 난징 조약 |
| 벵골 분할령 |
| 베르사유 조약 |
| 바이마르 헌법 |
| 미드웨이 해전 |
| 노르망디 상륙 작전 |
| 바르샤바 조약 |
| 나폴레옹 법전 |
| 유스티니아 누스 법전 |
| 함무라비 법전 |
| 법전 |
| 가쓰라- 태프트 밀약 |
| 마셜 플랜 |

1 설명을 보고, 알맞은 낱말을 쓰세요.

불교를 전하기 위해 인도에 있는 5개의 지역을 여행
하면서 〈왕오천축국전〉이라는 기행문을 남긴 인물 → ☐☐

2 주어진 낱말을 넣어 문장을 완성하세요.

1) | 장 | 보 | 고 |
   | 영 |
   | 실 |

통일 신라 때 청해진을 설치하여 해적을 소탕한 해상왕
은 ☐☐☐ 이고, 조선 세종 때의 과학자로 자격
루 등을 만든 발명가는 ☐☐☐ 이에요.

2) | 정 | 몽 | 주 |
   | 약 |
   | 용 |

이성계가 조선을 세우는 걸 반대하고 고려에 대한 절개
를 지켰던 학자는 ☐☐☐ 이고, 조선 후기의
실학을 크게 발달시킨 학자는 ☐☐☐ 이에요.

3 내용에 맞는 인물을 골라 ○표 하세요.

1) 고구려의 시조는 (주몽 / 정중부)이에요.

2) 고려 말기~조선 초기의 관리이자 뛰어난 무기 발명가는 (장보고 / 최무
선)이에요.

3) 조선 후기에 일어난 동학 농민 운동의 지도자는 (정몽주 / 전봉준)이에요.

4) 고려 말기에 이성계가 조선을 세우는 걸 반대하고, 고려에 대한 절개를
지켰던 학자는 (정중부 / 정몽주)예요.

5) 일제 강점기에 한글의 연구와 교육에 힘써서 일제 침략에 항거한 국어학
자는 (주몽 / 주시경)이에요.

혜초

주몽

장보고

정중부

정몽주

최무선

장영실

정약용

전봉준

한용운

주시경

1)		3)				9)		
2)			4)		8)			10)
			5)					
		6)			7)			
11)		12)		13)		16)		
14)					15)			

정답 | 143쪽

가로 열쇠

2) 1789년 프랑스에서 벌어진 민중의 시민 혁명

5) 확실하고 단단함. "그의 ○○한 결심은 변하지 않았어."

6) 고대 그리스에서 도자기 파편에 비밀 투표하여 나라에 위험이 될 것 같은 사람을 나라 밖으로 추방하는 제도

8) 고대 중국에서 200여 년 동안 칠웅이라 불리는 강국들이 힘을 겨루던 시대. 춘추 ○○ ○○라고 부르기도 함

11) 바이마르에서 만들어진 독일 공화국의 헌법

14) 문학 작품이나 이야기 등을 짜임새 있게 구성하는 것으로 발단, 전개, 절정, 결말의 구성을 일컫는 말. "지은이의 이야기에는 ○○○○이 있어."

15) 이제까지 가졌던 마음가짐을 버리고 완전히 달라지는 것 "○○○○해서 다시 도전할 거야!"

세로 열쇠

1) 1905년 일본의 대한 제국 지배와 미국의 필리핀 지배를 서로 인정하는 내용을 담은 가쓰라−○○○ 밀약

3) 브라만, 크샤트리야, 바이샤, 수드라의 네 계급으로 철저하게 나뉘어진 인도의 신분 제도

4) 명백하고 확실함

7) 봉건 ○○, 신분 ○○, 결혼 ○○

9) 1950년 6월 25일 북한과 남한이 서로 싸우게 된 전쟁

10) 대기하는 장소. "면접자는 ○○○에서 기다려 주세요."

12) 물체의 마찰에 의해 발생하는 전기

13) 한 나라의 법을 총정리하여 체계적으로 만든 책. 가장 오래된 것은 함무라비 ○○

16) 사진을 찍는 기계, 영어로는 카메라(camera)

1 뜻이 비슷한 낱말끼리 짝 지어지지 <u>않은</u> 것은? (   )

① 가속 : 감속   ② 연속 : 지속   ③ 연합 : 연맹

④ 진심 : 진정   ⑤ 청결 : 청정

2 밑줄 친 부분을 가장 적절한 한자어로 대체한 것은? (   )

① <u>셈을 깨끗이 정리</u>해야 할 시점이다. → 淸心(청심)

② <u>거짓 없이 바른 마음</u>으로 대답해 보거라. → 眞心(진심)

③ 상대보다 <u>빠르게 공격</u>하여 승리할 수 있었다. → 速步(속보)

④ 우리는 <u>서로 이어 맺어져 있다</u>는 것을 명심하라. → 連絡(연락)

⑤ 이 나라엔 <u>가장 낮은</u> 생활비조차 보장받지 못하는 사람이 있다. → 低溫(저온)

3 밑줄 친 낱말의 뜻이 바르지 <u>않은</u> 것은? (   )

① <u>속단</u>은 금물이다. → 섣부르게 빨리 판단함

② 네 <u>진면목</u>을 확인하여라. → 본래 지니고 있는 참모습

③ 소리가 <u>단속적</u>으로 들린다. → 끊어졌다 이어졌다 함

④ 질 좋고 <u>저렴한</u> 물건을 골라라. → 값비싼

⑤ 만화의 여주인공이 <u>청순가련</u>으로 나온다. → 너무나 맑고 순수하여 불쌍히 여길 만함

4 괄호 안의 한자가 바르지 <u>않은</u> 것은? (   )

① 속(續)개   ② 지(低)질   ③ 먹이 연(連)쇄

④ 백년하청(聽)   ⑤ 천진(眞)난만

5 밑줄 친 낱말이 문장의 맥락상 적절치 <u>않은</u> 것은? (   )

① 둥근 달을 보니 동생의 둥그런 얼굴이 <u>연상</u>되는군.

② <u>진위</u>를 구별하자는 말은, 진짜와 가짜를 갈라 보자는 뜻이야.

③ <u>급속도</u>로 무언가가 이뤄졌다는 건, 매우 빠르게 일이 진행되었다는 거야.

④ 민족의 <u>저력</u>이 발휘되었다는 건, 속에 숨은 힘이 드러났다는 말이지.

⑤ <u>속간</u>이란 신문이나 잡지 따위가 갑자기 발행 중단되었다는 말이야.

6 〈보기〉의 빈칸에 들어갈 낱말을 바르게 짝 지은 것은? (   )

┌─〈보기〉───
│ (가) 옛날 사람들은 우주의 중심은 지구라고 믿었어요. 이처럼 어떤 한 시대 사람들의 생각을 지배하
│ 고 있는 틀을 (   )이라고 해요.
│ (나) (   )은 일정한 형태나 양식을 말해요. 행동이나 생활 등에서 나타나는 일정한 형태나 양식을
│ 표현할 때 이 말을 뒤에 붙입니다.
└───

	(가)	(나)		(가)	(나)
①	패러다임	프로그램	②	아이디어	패턴
③	패러다임	패턴	④	아이디어	프로그램
⑤	패러다임	아이디어			

7 문맥에 맞는 낱말을 <u>잘못</u> 선택한 것은? (   )

① 곤란한 일을 당하여 무척 (<u>당혹</u> / 불혹)스럽다.

② 글의 바탕이 되는 재료를 (소재 / <u>주제</u>)라 한다.

③ 그건 없어서는 안 되는 (<u>필수</u> / 필승) 조건입니다.

④ 먼저 밀가루에 우유와 계란을 (혼돈 / <u>혼합</u>)합니다.

⑤ 홍길동은 신분의 (<u>한계</u> / 향상) 극복을 위해 노력했습니다.

⑧ 〈보기〉의 빈칸에 들어갈 낱말로 모두 옳은 것은? (　　) 수학능력시험형

〈보기〉

'다른 사람을 이롭게 하는 말은 따뜻하기가 솜과 같다.'는 공자의 〈논어〉에 나온 말씀입니다. 이 문장은 〔(가)〕을 써서 말의 중요성을 표현하고 있지요. 이것은 두 가지 사물을 직접 비교하는 방법으로, '~같이', '~처럼'이 들어갑니다. 이렇게 다른 것에 빗대어 느낌이나 상황을 표현하는 것을 〔(나)〕이라고 해요. 이렇게 표현하는 방법이 하나 더 있지요. '네 목소리는 꾀꼬리야.' 이 말은 목소리가 꾀꼬리처럼 아름답다는 뜻이겠죠? 이렇게 '목소리'와 '꾀꼬리' 같은 두 대상을 직접 비교하지 않고 '이것은 저것이야'라고 표현하는 것을 〔(다)〕라 합니다.

	(가)	(나)	(다)		(가)	(나)	(다)
①	직유법	은유법	비유법	②	은유법	비유법	직유법
③	직유법	비유법	환유법	④	은유법	직유법	비유법
⑤	직유법	비유법	은유법				

⑨ 한자와 그 뜻이 바르지 <u>않게</u> 짝 지어진 것은? (　　) 한자능력시험형

① 承 – 잇다 　② 賣 – 사다 　③ 混 – 섞다

④ 察 – 살피다 　⑤ 惑 – 미혹하다

⑩ 다음 〈보기〉의 문장에서 밑줄 친 낱말을 한자로 고친 것이 <u>틀린</u> 것은? (　　) 한자능력시험형

〈보기〉

연극이나 영화를 만들기 위하여 쓴 글을 (가)극본이라고 해요. 대사, 배우의 동작, 무대 장치 등이 쓰여 있지요. (나)장면은 극본이나 소설 등에서 나오는 한 정경이고, (다)배경은 이야기의 바탕이 되는 때, 장소 등을 말하지요. (라)인물은 글에 나오는 사람을 뜻해요. (마)성격은 사람의 성질이나 품성을 말해요. 추리 소설 '셜록 홈스'의 주인공 홈스는 관찰력이 뛰어나고, 논리적인 성격을 가지고 있어요.

① (가) 劇本 　② (나) 場面 　③ (다) 背景

④ (라) 人物 　⑤ (마) 成格

⑪ 밑줄 친 부분을 적절한 낱말로 대체하지 <u>않은</u> 것은? (   ) 국어능력인증시험형

① <u>바르고 분명하게</u> 말해 보거라. → 정확

② <u>생각하고 궁리하는</u> 힘을 길러야 한다. → 사고

③ 영희는 좋아하는 사람이 생겨 <u>밤낮으로 애를 태우고</u> 있다. → 망각

④ 단원 한 명이 <u>축을 중심으로 돌면서</u> 구르고 있다. → 회전

⑤ 안중근은 죽음 앞에서도 자신이 <u>굳게 믿는 생각</u>을 지켜냈다. → 신념

⑫ 밑줄 친 낱말의 뜻이 바르지 <u>않은</u> 것은? (   ) 국어능력인증시험형

① 장사는 <u>신용</u>이 생명이다. → 믿고 씀

② 선생님께서 <u>전근</u> 가셨다. → 다른 일을 보러 잠시 나감

③ 사색은 <u>사려</u> 깊은 사람을 만든다. → 여러 가지 일에 대하여 깊이 생각하고 실천함

④ 윤봉길은 가히 <u>선각자</u>라 할 수 있다. → 남보다 먼저 세상 이치의 깨달음을 얻은 사람

⑤ 그런 일이 일어날 <u>확률</u>은 거의 없어. → 어떤 일이 일어날 확실성의 정도

⑬ 〈보기〉의 빈칸에 들어갈 고사성어를 바르게 짝 지은 것은? (   ) 수학능력시험형

〈보기〉

(가) 옛날 중국의 한나라와 초나라가 싸움을 벌이다가 초나라의 항우가 한나라 군사들에게 포위되었어요. 그때 사방을 에워싼 한나라 군대 속에서 포로로 잡혀 있던 초나라 병사들의 슬픈 노랫소리가 들려왔어요. 항우는 초나라가 이미 한나라에 점령당했다고 생각하고 싸울 의욕을 잃었어요. 이 일화에서 유래한 고사성어가 (_____)입니다.

(나) 중국의 주왕은 사치를 즐겼어요. 연못을 파서 술을 채우고 고기 안주로 숲을 만들 정도였지요. 여기에서 유래한 고사성어가 (_____)입니다.

① (가) 사면초가 (나) 분서갱유   ② (가) 주지육림 (나) 사면초가

③ (가) 사면초가 (나) 제자백가   ④ (가) 주지육림 (나) 분서갱유

⑤ (가) 사면초가 (나) 주지육림

⑭ 밑줄 친 낱말이 문장의 맥락상 적절하지 <u>않은</u> 것은? (   )　KBS 한국어능력시험형

① 그는 확신을 가지고 분명하게 <u>확언</u>했다.

② 몹시 마음을 쓰며 애태우는 <u>주사야탁</u> 상태다.

③ <u>교우이신</u>이라, 친구 사귐에는 믿음이 중요하다.

④ 너를 움직이게 만드는 <u>동기</u>가 무엇인지 말해 줄래.

⑤ 오늘의 어려움을 <u>전화위복</u> 계기로 삼겠어.

⑮ 문맥에 맞는 낱말을 <u>잘못</u> 선택한 것은? (   )　수학능력시험형

① 전기의 흐름을 (<u>전류</u> / 전압)(이)라고 한다.

② 중국에서 주 멸망 후, (<u>진</u> / 한)이 세워져요.

③ (토사구팽 / <u>주지육림</u>)이라더니, 필요할 때는 그렇게 친절하더니 지금은 무척이나 쌀쌀맞군.

④ (정약용 / <u>주시경</u>)은 일제 강점기 때 한글 연구와 교육에 크게 힘썼다.

⑤ (<u>권리 장전</u> / 마그나 카르타)은 영국 명예 혁명의 결과 이루어진 선언이다.

⑯ 〈보기〉의 빈칸에 들어갈 낱말이 바르게 짝 지어진 것은? (   )　수학능력시험형

〈보기〉
> 영양소는 우리 몸에 필요한 영양분이 있는 물질의 원소를 말해요. [(가)]은 세포를 구성하고 생명을 유지하는 데 꼭 필요한 영양소예요. 고기, 우유, 콩 등에 많이 들어 있지요. [(나)]은 탄소, 수소, 산소의 세 원소가 화합하여 이루어진 영양소로 쌀, 빵에 많이 들어 있어요. [(다)]은 흔히 '기름'이라고 해요. 적은 양으로도 많은 에너지를 낼 수 있게 해 주지요.

	(가)	(나)	(다)		(가)	(나)	(다)
①	탄수화물	단백질	지방	②	단백질	지방	탄수화물
③	탄수화물	지방	단백질	④	단백질	단수화물	지방
⑤	지방	탄수화물	단백질				

톡톡 문해력 견학 기록문 **다음 견학 기록문을 읽고, 문제를 풀어 보세요.**

지난 토요일에 우리 가족은 충청북도에 있는 청주고인쇄박물관에 다녀왔다. 청주고인쇄박물관은 〈직지심체요절〉을 인쇄한 흥덕사지에 세워진 고인쇄 전문 박물관이다. 1377년에 간행된 〈직지심체요절〉은 세상에 남아 있는, 세계에서 가장 오래된 금속 활자 인쇄물이다. 독일의 금속 활자 인쇄본인 〈구텐베르크 42행 성서〉보다 78년이나 앞서 인쇄되었다고 한다. 현재 〈직지심체요절〉은 프랑스 국립 도서관에 있다.

전시관에 들어가자 〈직지심체요절〉을 인쇄한 금속 활자를 복원하여 책 모양으로 전시한 전시품이 눈길을 끌었다. 금속 활자를 만드는 과정이 함께 설명되어 있었다. 또 〈직지심체요절〉의 탄생부터 프랑스로 건너간 과정까지 자세히 설명되어 있어서 〈직지심체요절〉에 대해 자세히 알 수 있었다. 체험 프로그램도 있었는데, 그중에서 납 활자로 인쇄해 보는 체험을 해 보았다. 박물관에서 준비한 활판 구멍에 금속 활자로 된 내 이름을 끼우고 한지에 인쇄하는 체험이었다. 옛날 사람들이 금속 활자로 어떻게 인쇄했는지 알 수 있었던 체험이었다.

박물관을 관람하는 것은 재미없을 거라고 생각했는데, 생각보다 무척 재미있었다. 그리고 세계 최초로 금속 활자를 만든 우리 조상들이 자랑스러웠다.

1 글쓴이는 어디를 다녀와서 이 글을 썼나요?

----

2 청주고인쇄박물관은 어디에 세워진 박물관인가요?

----

3 전시관에서 글쓴이의 눈길을 끈 것은 무엇인가요?

----

4 글쓴이는 우리 조상들이 왜 자랑스럽다고 생각했나요?

톡톡 문해력 설명문 ▶ **다음 설명문을 읽고, 문제를 풀어 보세요.**

통신은 정보나 소식을 주고받는 것을 말한다. 문자가 없었을 때 먼 거리에 있는 사람에게 소식을 전하려면 북이나 징, 연기나 불빛 등을 이용해야 했다. 하지만 이 방법으로는 정확한 내용을 전달하기 어려웠다. 문자가 만들어진 이후에는 편지를 써서 소식을 주고받았다. 발이 빠른 사람이 가거나 말을 타고 가서 편지를 전했다. 나중에는 마차를 이용해 편지를 주고받는 우편 제도가 생겼다. 그러나 아주 급한 소식을 전할 때는 여전히 연기나 불빛을 이용했다.

19세기에 인류가 전기를 이용할 수 있게 되면서 통신도 빠르게 발전했다. 새뮤얼 모스가 발명한 전신기 덕분에 먼 거리에 있는 사람들에게도 정확한 소식을 전할 수 있게 됐다. 알렉산더 그레이엄 벨은 전기를 이용해 음성을 주고받을 수 있는 전화기를 발명했다. 20세기 초에 굴리엘모 마르코니가 전파를 이용해 신호를 보내는 무선 통신 기술을 발견하고, 이는 라디오, 텔레비전, 휴대 전화의 발명으로 이어졌다.

20세기 후반, 컴퓨터와 컴퓨터를 연결하는 인터넷의 등장으로 통신의 새로운 시대가 열렸다. 전 세계적으로 인터넷이 연결되면서 실시간으로 대규모 정보를 주고받을 수 있게 된 것이다. 지금은 휴대 전화와 컴퓨터가 결합한 스마트폰이 가장 중요한 통신 수단이다.

1 이 글은 무엇에 관해 쓴 글인가요?

_____

2 문자가 없었을 때 먼 거리에 있는 사람과는 어떻게 소식을 주고받았나요?

_____

3 라디오, 텔레비전, 휴대 전화는 누가 발견한 어떤 통신 기술의 도움을 받았나요?

_____

4 인터넷의 등장으로 가장 크게 바뀐 것은 무엇인가요?

_____

정 답

				최				
			저	위	도		아	
	패	러	다	임			이	
	러		금	속	활	자	디	
	독			연	결	어		
	스		직	유	법			
		렬		도	매	상		
지		연		식		속	출	
속	전	속	결		화	인		
	승							

2장 씨글자

轉 구를 전 |78~79쪽

1. 轉
2. 1) 운전 2) 급회전 3) 전근 4) 호전
3. 1) 자전거 2) 회전 3) 전학 4) 운전
4. 1) 공전 2) 이전 3) 전학 4) 반전
5. 1) 전출 2) 전입 3) 전기 4) 전환
6. ①

機 틀 기 |84~85쪽

1. 機
2. 1) 여객기 2) 게임기 3) 위기 4) 기미
3. 1) 기장 2) 전화기 3) 대기 4) 사진기
4. 1) 측음기 2) 계기 3) 기관 4) 기회
5. 1) 발신기 2) 수신기 3) 교육 기관 4) 동기
6. 기구

確 분명할 확 |90~91쪽

1. 確
2. 1) 정확도 2) 확보 3) 확증 4) 명확
3. 1) 확정 2) 확률 3) 확인 4) 확답
4. 1) 확고 2) 정확 3) 재확인 4) 확실
5. 1) 부정확 2) 확정 3) 미확인 4) 확약
6. 확고부동

信 믿을 신 |96~97쪽

1. 信
2. 1) 신념 2) 신탁 통치 3) 발신자 4) 수신자
3. 1) 통신비 2) 자신 3) 신호등 4) 미신
4. 1) 신용 2) 신앙 3) 신임 4) 신뢰
5. 1) 신상필벌 2) 교우이신 3) 효제충신
6. 통신

思 생각할 사 |102~103쪽

1. 思
2. 1) 사유 2) 사고력 3) 사변 4) 사상가
3. 1) 사려 2) 사상 3) 노심초사 4) 의사
4. 1) 사색 2) 사고 3) 의사 4) 노심초사
5. 1) 색 2) 려 3) 모 4) 사
6. 1) 사상 2) 사춘기

覺 깨달을 각 |108~109쪽

1. 覺
2. 1) 망각 2) 각서 3) 선각자 4) 감각
3. 1) 각오 2) 지각 3) 착각 3) 후각
4. 1) 발각 2) 감각적 3) 각성 4) 경각
5. 1) 경각 2) 선각자 3) 각서 4) 감각

지	원	주	안	환
선	불	경	관	설
수	감	각	서	조
원	수	심	지	자
선	각	자	신	극

6. 1) 시각 2) 후각 3) 미각 3) 청각 5) 촉각

씨낱말

원소 |114쪽

1. 원소
2. 1) 탄소, 규소 2) 산소, 수소
3. 1) 알루미늄 2) 질소
4. 탄수화물, 지방

전기 |115쪽

1. 전
2. 1) 전압, 정전기 2) 전류, 전선
3. 1) 번개 2) 충전기
4. 전기, 전기, 전기 회로

전국 시대 |120쪽

1. 전국 시대
2. 1) 은, 주 2) 춘추 시대, 전국 시대 3) 5호 16국, 남북조
3. 1) 진 2) 한 3) 삼국 4) 청

사면초가 |121쪽

1. 사면초가
2. 1) 분서갱유 2) 주지육림 3) 토사구팽 4) 제자백가
3. 1) 삼고초려 2) 토사구팽 3) 사면초가

산업 혁명 |126쪽

1. 혁명
2. 1) 산업 혁명 2) 프랑스 혁명 3) 백 년 전쟁 4) 아편 전쟁
3. 1) 청교도 2) 신해 혁명 3) 걸프 전쟁

권리 장전 |127쪽

1. 권리 장전
2. 1) 헌법, 헌장 2) 봉건 제도, 장원 제도 3) 삼포제, 균전제
3. 1) 장전 2) 권리 장전 3) 카스트 제도 4) 도편 추방제

칙령 |132쪽

1. 밀라노 칙령
2. 1) 난징 조약 2) 벵골 분할령 3) 바이마르 헌법 4) 미드웨이 해전
3. 1) 베르사유 조약 2) 유스티니아누스 법전 3) 가쓰라-태프트 밀약

역사 인물 ㅈ～ㅎ |133쪽

1. 혜초
2. 1) 장보고, 장영실 2) 정몽주, 정약용
2. 1) 주몽 2) 최무선 3) 전봉준 4) 정몽주 5) 주시경

어휘 퍼즐 |134쪽

		¹태		⁴카				⁶한		
²프	랑	스	혁	⁵명		⁷전	국	시	⁸대	
		트		트		⁹확	고		전	
		제							쟁	¹⁰실
	¹¹도	편	추	방	¹²제					
					도					
¹³바	이	마	르	헌	법		¹⁴사			
			찰		전		진			
¹⁵기	승	전	결			¹⁶심	기	일	전	
		기								

종합 문제 |135~139쪽

1. ① 2. ② 3. ④ 4. ④ 5. ⑤ 6. ③ 7. ② 8. ⑤ 9. ② 10. ⑤
11. ③ 12. ② 13. ⑤ 14. ② 15. ③ 16. ④

문해력 문제 |140·141쪽

1. 청주고인쇄박물관
2. 〈직지심체요절〉을 인쇄한 흥덕사지에 세워진 박물관
3. 〈직지심체요절〉을 인쇄한 금속 활자를 복원하여 책 모양으로 전시한 전시품
4. 세계 최초로 금속 활자를 만들어서

1. 통신의 역사
2. 북, 징, 연기, 불빛을 이용해 소식을 주고받았다.
3. 굴리엘모 마르코니가 발견한 무선 통신 기술
4. 실시간으로 내규모 정보를 주고받을 수 있게 됐다.

집필위원

정춘수 권민희 송선경 이정희 신상희 황신영 황인찬 안바라
손지숙 김의경 황시원 송지혜 황현정 서예나 박선아 강지연
강유진 김보경 김보배 김윤철 김은선 김은행 김태연 김효정
박 경 박선경 박유상 박혜진 신상원 유리나 유정은 윤선희
이경란 이경수 이소영 이수미 이여신 이원진 이현정 이효진
정지윤 정진석 조고은 조희숙 최소영 최예정 최인수 한수정
홍유성 황윤정 황정안 황혜영 신호승

문해력 잡는 초등 어휘력 D-5 단계

글 이정희 손지숙 황신영 신호승
그림 박종호
기획 개발 정춘수

1판 1쇄 인쇄 2025년 1월 16일
1판 1쇄 발행 2025년 1월 31일

펴낸이 김영곤 펴낸곳 ㈜북이십일 아울북
프로젝트2팀 김은영 권정화 김지수 이은영 우경진 오지애 최윤아
아동마케팅팀 명인수 손용우 양슬기 이주은 최유성
영업팀 변유경 한충희 장철용 강경남 김도연 황성진
표지디자인 박지영 임민지

출판등록 2000년 5월 6일 제406-2003-061호
주소 (우 10881) 경기도 파주시 문발동 회동길 201
연락처 031-955-2100(대표) 031-955-2122(팩스)
홈페이지 www.book21.com

ⓒ (주)북이십일 아울북, 2025

ISBN 979-11-7357-060-5
ISBN 979-11-7357-036-0 (세트)

• 제조자명 : (주)북이십일	• 제조연월 : 2025. 01. 31.
• 주소 : 경기도 파주시 회동길 201(문발동)	• 제조국명 : 대한민국
• 전화번호 : 031-955-2100	• 사용연령 : 3세 이상 어린이 제품